DIE RÖMISCHE ARMEE

TIBERIUS CLAUDIUS MAXIMUS
SOLDAT IM DIENSTE TRAJANS

Peter Connolly

Inhalt

Tessloff Verlag

Tiberius Claudius Maximus

Ein römischer Legionär

Zeugnis der Vergangenheit

Mitten in der Stadt Rom erhebt sich eine große Säule, errichtet vom Kaiser Trajan. Ihr Bildschmuck, ein umlaufendes Reliefband, erzählt von Trajans Sieg über die Daker, die jenseits der Donau auf dem Boden des heutigen Rumänien lebten. Seit fast 1900 Jahren steht diese Säule da, stummes Denkmal einer der größten Armeen der Geschichte.

Die Trajanssäule betrachten ist wie Fernsehen bei heruntergedrehtem Ton. Wir erblicken eine Fülle von Einzelheiten, aber hören tun wir sehr wenig, denn die Geschichte der Dakerkriege ist verlorengegangen. Wir sehen Soldaten ein Kastell bauen, Reiterei, brennende Städte – aber wir wissen nicht, um wen oder was es sich handelt. Gesichert ist, daß Trajan und sein Vorgänger Domitian Kriege gegen die Daker führten und daß am Ende der Dakerkönig Decebalus den Freitod starb.

Die Römer selbst würden gewußt haben, was diese Reliefs darstellen. Doch heute, 1900 Jahre später, läßt sich nur weniges zuverlässig identifizieren. Wir können Trajan erkennen, sein Gesicht ist wohlbekannt; er erscheint häufig. Wir können die Brücke sehen, die er über die Donau bauen ließ, und oben an der Säule ist auszumachen, wie ein römischer Reitersoldat Decebalus daran hindern will, sich zu töten. Wir können sogar das Emblem auf dem Schild des Reiters sehen, aber seine Einheit und seinen Namen wüßten wir wahrscheinlich bis heute nicht, wenn nicht 1965 in Nordgriechenland ein Grabstein entdeckt worden wäre, dessen Inschrift stolz verkündet: „Ich bin Tiberius Claudius Maximus von der Zweiten Pannonischen Reiterabteilung. Ich nahm Decebalus gefangen.“ Ferner gibt der Grabstein eine Darstellung der ganzen Laufbahn des Maximus. Anhand dieses und anderen Materials wurde das Leben des Maximus von uns rekonstruiert und in zwei Büchern nachgezeichnet. Das vorliegende Buch erzählt von Tiberius Claudius Maximus dem Legionär.

RECHTS: Szene von der Trajanssäule. Legionäre beim Lagerbau und Reiter, die ihre Pferde tränken.

Der Freiwillige

Tiberius Claudius Maximus wuchs wahrscheinlich im Norden Griechenlands unweit der römischen Kolonie Philippi auf. Zur römischen Armee stieß er in der Regierungszeit des Kaisers Domitian (81–96 n. Chr.), ungefähr zwölf Jahre, bevor Trajan den Kaiserthron bestieg. Maximus trat in die Legion VII Claudia Pia Fidelis ein, die an der langen mitteleuropäischen Grenze Roms stationiert war.

Diese 2500 km lange Grenze an Rhein und Donau war von Kaiser Augustus (31 v. Chr. bis 14 n. Chr.) geschaffen worden, als er seine Eroberungen entlang dem Südufer der Donau sicherte sowie die seines Onkels Julius Caesar, der Gallien (Frankreich und Belgien) unterworfen hatte. Abgesehen davon, daß die Römer ihrem Reich Mitte des 1. Jhs. n. Chr. Britannien angliederten, blieb diese Nordgrenze fast 75 Jahre lang unverändert bestehen.

Kaiser Domitian leitete die Zeit der letzten Eroberungszüge Roms ein, als er 83 n. Chr. in Germanien eindrang und eine neue, Rhein und Donau verbindende Grenze schuf. Seine Invasion löste an der Donau Unruhen aus, die dreißig Jahre andauerten. Die Daker – sie lebten auf dem Boden des heutigen Rumänien – stießen über die Donau vor und überwältigten die dortigen römischen Kräfte. Domitian führte rasch Verstärkung heran und warf die Eindringlinge zurück. Aber er unterschätzte die Gefahr; er ging nach Rom und überließ es dem Obersten der kaiserlichen Leibwache, dem praefectus praetorio Cornelius Fuscus, den Gegenangriff zu machen. Fuscus wurde vernichtend geschlagen und fiel. Domitian kehrte eilends an die Donau zurück und sorgte dafür, daß die gelichteten Reihen der Truppen durch Rekrutierung aufgefüllt wurden. Tiberius Claudius Maximus, jetzt etwa zwanzig Jahre alt, könnte einer der vielen Freiwilligen, die sich meldeten, gewesen sein.

RECHTS: Karte des Römischen Reiches im Jahre 85 n. Chr. mit der Rhein-Donau-Grenze.

ANIEN
Wien
Kastell Künzing
Carnuntum
PANNONIEN
UNGARISCHE TIEFEBENE
Gherla
KARPATEN
Sarmizegethusa
Tapae
DAKIEN
Belgrad
Viminacium
JUGOSLAWIEN
OBERMÖSIEN
Donau
Adamklissi
SCHWARZES MEER
UNTERMÖSIEN
ITALIEN
Philippi
MAKEDONIEN
Herculaneum
Pompeii
GRIECHENLAND
TÜRKEI
Antiochia
Dura-Europos
SYRIEN
ÄGYPTEN

Der neue Rekrut

Maximus muß mindestens 1,75 m groß gewesen sein, schlank, muskulös, über scharfe Augen und Ohren verfügend. Das nämlich waren die Voraussetzungen dafür, daß einer Legionär werden konnte. Er mußte zudem lesen und schreiben können, aber vor allem mußte er römischer Bürger sein. Was nicht heißt, daß er aus Rom stammen mußte. (Wahrscheinlich war er aus der Provinz Makedonien im Norden Griechenlands gebürtig.) Es bedeutete, daß seine Familie das Bürgerrecht besessen haben mußte.

Nach dem Namen des Maximus zu urteilen, könnte sein Vater oder Großvater ein Hilfstruppensoldat gewesen sein, ein in der römischen Armee dienender Nicht-Römer, der bei der Entlassung nach 25 Dienstjahren das Bürgerrecht erhalten hatte. In diesem Falle würde die Familie dem Maximus über ihre Kontakte zur Armee die nötigen Empfehlungsschreiben verschafft haben können.

Männer, die zu den Legionen wollten, mußten sich in einer Rekrutierungsstelle in der Provinzhauptstadt vorstellen und ärztlich untersuchen lassen. Wurden sie angenommen, leisteten sie den militärischen Diensteid – sie schworen, ihren Offizieren zu gehorchen und nicht zu desertieren. Ihre Dokumente wurden nebst einem Begleitbrief des Statthalters sowie drei Goldstücken Reisegeld pro Kopf einem Offizier übergeben, der die Männer auf ihrer Reise zur Grenze begleitete. Maximus hatte sich um Aufnahme in die Siebente Legion in Viminacium unweit der Donau beworben, einige 60 km östlich von Belgrad.

Der Kaiser hatte viele frische Einheiten in das Kriegsgebiet kommandiert. Auf den Straßen nach Viminacium drängten sich Truppen und vor den Dakern fliehende Flüchtlinge. Maximus und seine Freunde wurden regelmäßig angehalten und durften erst nach Vorweisen des Briefes vom Statthalter passieren. Vor dem Garnisonsort nahm sie die diensttuende Kohorte in Empfang, die ständig auf Wache war. Man brachte die Neuen zum Hauptquartier im Lager, wo ihre Papiere abgelegt wurden und wo sie erfuhren, bei welchen Zenturien sie sich zu melden hatten.

Eine hypothetische Rekonstruktion des Legionslagers der Siebenten Legion in Viminacium an der Donau.
Hinter dem Lager befindet sich der Exerzierplatz, flankiert vom Lagerdorf.
A–A Via Principalis
B–B Via Praetoria
C Legionshauptquartier (principia)
D Haus des Befehlshabers (praetorium)
E Häuser der Tribunen
F Kasernenblocks (centuriae)
G Verpflegungsmagazine (horrea)
H Krankenhaus (valetudinarium)
J Werkstätte (fabrica)
K Amphitheater
L Erhöhte Bühne des Feldherrn (tribunal)

LINKS: Diese Szene von der Trajanssäule zeigt Legionäre beim Bau eines Lagers. Soldaten der Hilfstruppen sind auf Wache. Das Haupttor befindet sich rechts.

RECHTS: Ein typischer Kasernenblock, in Doppelräume unterteilt. Jeder Doppelraum war mit acht Mann belegt; er umfaßte ein Schlafzimmer und einen kleineren Raum für die Ausrüstung. Der Schlafraum war ungefähr 5 m² groß; möglicherweise wurde in Kojen geschlafen. Die viel luxuriösere Unterkunft des Zenturios liegt am hinteren Ende.

Das Legionslager der Siebenten Legion

Wir wissen nicht genau, wann Viminacium an der Donau Garnisonsort der Siebenten Legion wurde, aber wahrscheinlich war sie dort um 85 n. Chr. stationiert. Der Platz ist nicht freigelegt. Die Rekonstruktion unten zeigt ein typisches Legionslager nach dem Grundschema, mit Häusern aus Stein und Holz und den beiden Hauptstraßen, der Via Principalis (**AA**) und der Via Praetoria (**BB**). In der Lagermitte stehen das Legionshauptquartier (**C**) und das Haus des Befehlshabers (**D**). Die Kasernenblocks sind paarig nahe der Umwallung errichtet.

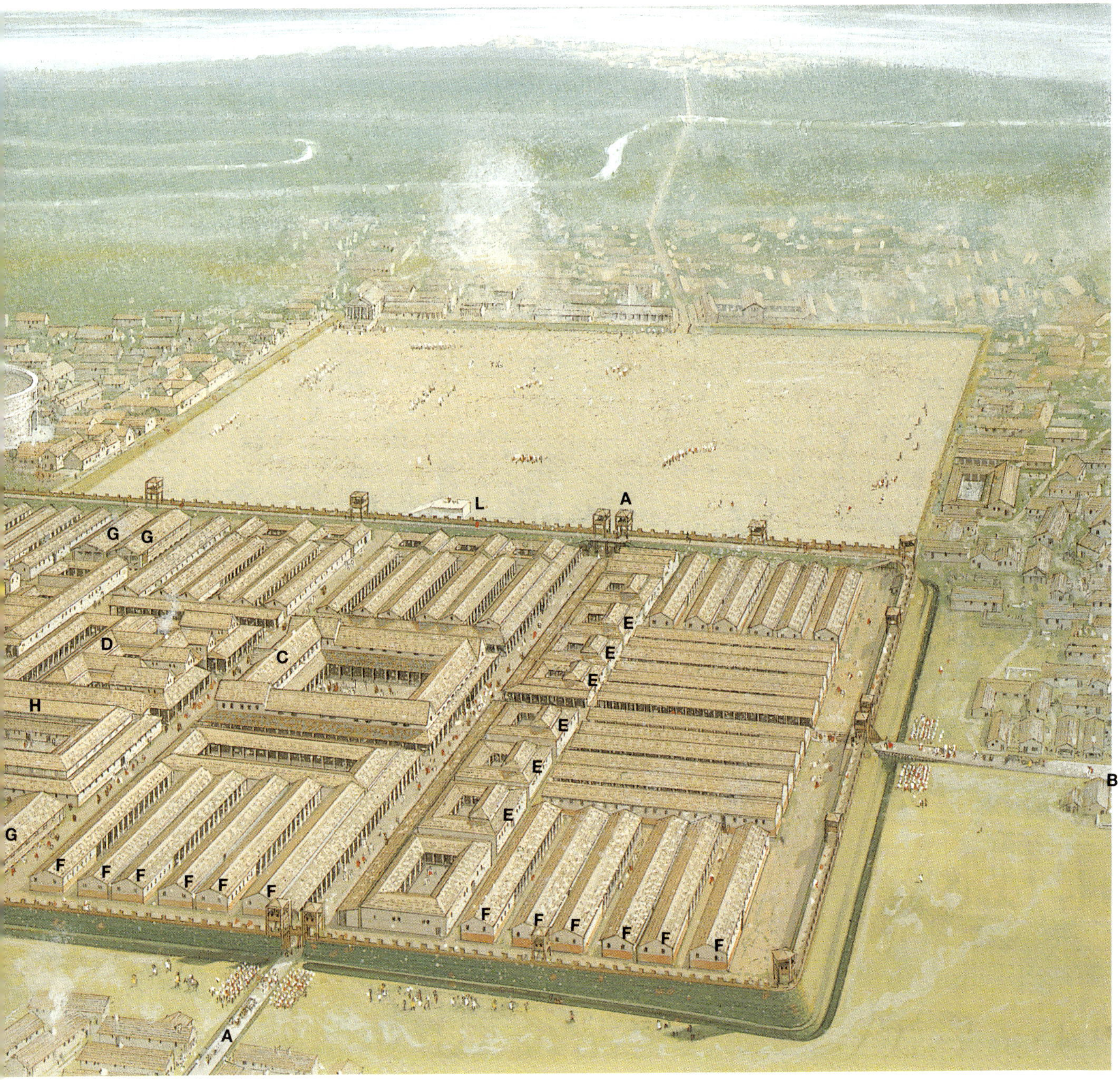

Durchgelaufene Füße

Vier Monate lang wurden die Neuangeworbenen bis zum Umfallen gedrillt. Bald war ihnen schon das Wort „Zenturio" verhaßt. Aber nach dem Abschluß dieser viermonatigen Ausbildung durften sich die Rekruten, die durchgehalten hatten, Soldaten nennen, milites. Wer den Anforderungen nicht gewachsen war, wurde nicht in die Legion aufgenommen.

Zuerst lernten sie, im Gleichschritt um den Exerzierplatz zu marschieren. Dann kamen Übungsmärsche an die Reihe, auf denen sie angetrieben wurden, bis sie 20 römische Meilen (30 km) in fünf Stunden schafften. Doch das war erst der Anfang. Bald mußten sie dieselbe Strecke mit Waffen und Gepäck bewältigen. Zurückbleibende traf brutal der Stock des Zenturios. Des Abends krochen sie ausgepumpt ins Quartier, Blasen an den Füßen, Schultern wundgerieben. Ein paar Stunden Schlaf – und schon ging's von neuem los.

Tag für Tag hetzte man sie, bis sie 24 Meilen (36 km) in fünf Stunden zurücklegten. Allein auch das reichte noch nicht. Als Legionäre wurden sie erst akzeptiert, wenn sie solch einen Marsch mit voller Ausrüstung schafften, also mit Rüstung, Waffen, Kochgeschirr, Palisadenstangen, Schanzwerkzeug und Proviant für mehrere Tage. Auf dem Marsch mußten sie für die Nacht immer ein Lager mit Graben und Wall anlegen.

Ursprünglich war die gesamte Legionärsausrüstung auf Lasttieren und Karren befördert worden. Aber 200 Jahre vor der Zeit des Maximus hatte der bedeutende Feldherr Marius verfügt, daß die Legionäre den größten Teil ihrer Ausrüstung selber schleppen mußten, um den Gepäcktroß zu reduzieren. Seitdem nannte man die Legionäre „die Maultiere des Marius". Die komplette Ausrüstung des Legionärs wird mindestens 30 kg schwer gewesen sein; Rüstung und Waffen wogen über 20 kg.

Die Legionäre absolvierten während ihrer 25jährigen Dienstzeit dreimal im Monat einen Übungsmarsch. So trainiert, konnten sie besser und zügiger marschieren als jeder ihrer Feinde, was im Kriege oft sehr wichtig war.

LINKS: Szene von der Trajanssäule. Die Legionäre tragen ihren Proviant, ihr Kochgerät und ihre persönliche Habe (in einem Lederbeutel) an einer Stange über der linken Schulter.

RECHTS: **1.** Wasserflasche aus Süddeutschland. **2.** Eßgeschirr aus Britannien. **3.** Kochgefäß aus Dakien. Nr. **2** und **3** werden häufig gefunden und sind an der Trajanssäule dargestellt.

UNTEN: Legionäre auf dem Übungsmarsch. Die gesamte Ausrüstung des Legionärs wird über 30 kg gewogen haben. Daß die Römer lange Strecke in kurzer Marschzeit zurücklegen konnten, war oft entscheidend bei Feldzügen.

Was ein Legionär schleppte

In den Schriften antiker Autoren finden sich viele Einzelheiten des Militärwesens. Der jüdische Geschichtsschreiber Josephus schrieb um 75 n. Chr., ein Legionär habe Säge, Korb, Hacke, Sichel und Kette mitgeführt. Korb und Hacke wurden zum Schanzen gebraucht, aber ebenso Rasenstecher, Schanzwerkzeug und Schaufel. Kein Legionär benötigte alle vier Werkzeuge; wahrscheinlich haben immer acht Mann als Gruppe (contubernium) die Werkzeuge gemeinschaftlich getragen. Jeder Mann trug zudem seinen Proviant, sein Kochgeschirr und seine persönliche Habe.

LINKS: Das Relief aus Mainz zeigt einen Legionär in der vorschriftsmäßigen Nahkampfstellung: linke Schulter im Schild, Schwert waagrecht gehalten zum Stoß in den Bauch des Gegners. Der Legionär hinter ihm hebt seinen Schild, um einen Hieb des Feindes aufzufangen.

UNTEN: Rekruten beim Training auf dem Exerzierplatz. Zu Übungszwecken greifen sie mit Holzwaffen Holzstangen an.

Waffentraining

Die Rekrutenausbildung erschöpfte sich freilich nicht im Marschieren, sie umfaßte auch Laufen, Springen und Reiten sowie Schwimmen (in der nahen Donau). Sobald die Männer in guter Form waren, begann das Waffentraining.

Das römische Waffentraining orientierte sich an den Methoden der Gladiatoren. Auf dem Übungsplatz wurde eine mannshohe dicke Holzstange aufgestellt. Die war der „Feind". Die Rekruten übten den Angriff mit einem schweren Holzschwert und einem geflochtenen Weidenschild vom doppelten Gewicht eines normalen Schilds. So ähnlich wie Boxer wurden sie ständig angehalten, direkt zuzustoßen, das heißt, sie sollten nicht in hohem Bogen mit der Waffe ausholen, denn so einen Hieb sieht der Gegner kommen.

„Stoßen, Maximus, stoßen. Nein, nicht aufs Gesicht zielen, sondern auf den Bauch, immer auf den Bauch! Dekkungslücken ausnützen!" Schon fuhr ihm der knorrige Stock des Zenturios in die Magengrube. „Du mußt dich immer mit dem Schild decken, wenn du zurückweichst. Nein, so doch nicht! Du bist deckungslos, wenn du vorstürmst und dabei das Schwert schwingst. Halte es hinter deinem Schild und dann stoß zu!"

Tag für Tag, Woche für Woche übten sie mit ihren Holzschwertern, schwitzend und fluchend und Staub hustend. Sie lernten auch, das pilum, den schweren Wurfspieß, gegen den Pfahl zu schleudern. Wer den Anforderungen nicht genügte, der kriegte nur noch gräßlich schmeckende Gerste zu essen und mußte zusätzlich trainieren, bis seine Leistungen vor den Augen der höheren Offiziere auf der erhöhten Bühne (tribunal) Gnade finden konnten.

Schließlich durften sie mit richtigen Waffen üben. Wie leicht die ihnen nach den schweren Holzwaffen erschienen sein müssen! Zunächst trainierten sie wieder an den Pfählen, dann aber lieferten sie einander Scheingefechte, für die ihre Waffen an der Spitze Schutzkappen bekamen, um schweren Verletzungen vorzubeugen.

Rekrutenausbildung

Was wir davon wissen, stammt aus einer sehr späten Quelle, nämlich einem Buch von Flavius Vegetius, der um 400 n. Chr. lebte. Vegetius verfaßte einen ausführlichen Bericht über Aushebung und Ausbildung der Rekruten, in dem er zeigen wollte, wie gut die alten Methoden waren.

Vegetius sagt, daß die Rekruten das Aufstellen in den Schlachtordnungen Säge, Schere, langes Rechteck und Keil lernten. Sie müssen auch die Schildkröte geübt haben (siehe rechts). Es heißt, man habe die Festigkeit dieser engen Aufstellung dadurch erprobt, daß man Streitwagen darüberfahren ließ.

Die Schildkröte

UNTEN: Eine von 24 Mann gebildete testudo. Die rechte Seite und die rückwärtige Seite waren ungedeckt.

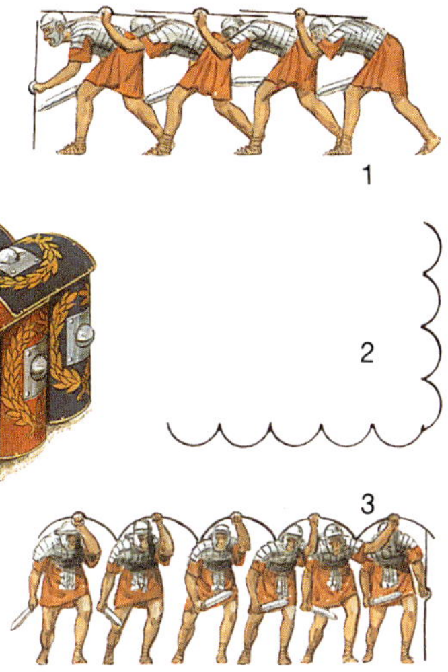

RECHTS: **1.** Die Aufstellung in vier Reihen. **2.** So wurden die Schilde gehalten. **3.** Blick auf die Soldaten der zweiten Reihe.

OBEN: Vorrückende Legionäre bilden die Schildkröte, um sich vor Geschossen zu schützen. (Relief von der Trajanssäule)

Dreckarbeit

Die viermonatige Grundausbildung ging zu Ende und Maximus wurde miles, Soldat. Für ihn und seine Kameraden begann nun der routinemäßige Lagerdienst. Nach wie vor absolvierten sie regelmäßig Übungsmärsche und Waffentraining und wurden gedrillt, aber nicht mehr so häufig, und es kam ihnen jetzt auch entschieden leichter vor. Mit Tagesanbruch meldeten sie sich beim Zenturio und wurden für den Tag eingeteilt. Hauptsächlich ging es um Wachdienst oder Arbeiten wie Bäder oder Aborte reinigen. Interessanter waren da schon Aufgaben wie Straßen abpatrouillieren oder Ordnungsdienst tun. Wer wozu eingeteilt war, wurde täglich auf dem Dienstplan vermerkt.

Wohl am unbeliebtesten war der Straßenbau. Dazu gehörten die Arbeit im Steinbruch, das Ausheben des Straßenbettes, die Herstellung von Unterbau und Oberbau. Jeder neue Legionär träumte von einer Betätigung als Spezialist, mit der er ausgelastet und vom unerfreulichen Arbeitsdienst frei sein würde. Es gab allerlei solche Spezialistenjobs, zum Beispiel den des Waffenmeisters, des Metzgers, des Sanitäters, des Pferdezureiters. Ein derartiger Spezialist wurde als immunis bezeichnet. Man hat Briefe des Legionärs Julius Apollinaris an seine Eltern gefunden, in denen sich der Soldat über den Arbeitsdienst beklagt. Aber in einem Brief schreibt er außer sich vor Freude, er sei Rechnungsführer geworden:

„Nun kann ich herumstehen und brauche nichts zu tun, während andere Legionäre den ganzen Tag schuften und Steine für den Straßenbau brechen."

Für das kommende Frühjahr (88 n. Chr.) wurde eine neue Offensive gegen die Daker geplant. In Viminacium herrschte den Winter über Hochbetrieb. Truppen und Materialien für den bevorstehenden Feldzug trafen ein. Die meisten Versorgungsgüter kamen auf donauaufwärts gezogenen Lastkähnen an. Doch im Spätwinter trieb Eis auf dem Fluß durch das Donau-Engtal östlich von Viminacium und riß Teile des Treidelstegs weg. Das wiederholte sich fast in jedem Jahr. Sobald der Wasserstand es zuließ, mußten die Soldaten anrücken und die Holzstege reparieren.

LINKS: Die Reste der Trajansstraße längs der Donau.

RECHTS: So sah der Treidelsteg in der Donauschlucht ursprünglich aus. Er lag auf einer ca. 60 cm breiten Felsleiste auf. Die auskragende Balkenkonstruktion wurde regelmäßig von flußabwärts treibendem Eis zerstört.

GANZ RECHTS: Die neue, unter Trajan beendete Straße. Sie war 2,5 bis 3 m breit in den Felsen eingehauen, damit die hängende Konstruktion entbehrlich wurde.

UNTEN: Legionäre setzen den ursprünglichen Treidelweg instand.

Arbeitsdienst

Durch einen unglaublichen Zufall ist ein Dienstplan erhalten, der aus dem Jahr und dem Monat – Oktober 87 n. Chr. – stammen könnte, in denen Maximus arbeitsdienstpflichtig wurde. Aufgeführt sind 36 Legionäre aus Ägypten und ihre täglichen Pflichten, z. B. Wach- und Patrouillendienst und Plackereien wie Abortreinigen (ad stercus).

Dies ist nur eines von vielen überlieferten Dokumenten. Es liegen auch Hunderte von Inschriften vor, die uns berichten, wo eine Legion war oder was sie tat. Die in der Donauschlucht erinnern an die Reparaturarbeiten am Treidelweg.

Brücke über die Donau

Gleich nach dem Zurückgehen des Frühjahrshochwassers begannen die Legionäre, eine Pontonbrücke zu errichten. Dies war die einfachste Form eines Brückenschlags über die Donau und ging am schnellsten. Und es war die sicherste Methode, denn man konnte die Brücke abschnittsweise bauen. Im Fluß wurden Boote mittels großer, mit Steinen gefüllter Weidenkörbe festgemacht. Dann legten die Soldaten einen Fahrweg aus Bohlen über die Boote. In ein paar Tagen war die Brücke fertig. Die Invasion konnte beginnen.

Die Daker lebten in den dicht bewaldeten Karpaten, dem in unserer Zeit als Heimat Draculas berühmt gewordenen Gebirge. Sie waren stark von den Griechen beeinflußt und standen auf einer höheren Kulturstufe als die meisten anderen sogenannten Barbarenvölker. Unter ihrem dynamischen König Burebista waren die Daker um 60 v. Chr. das mächtigste Volk in Mitteleuropa, doch nach Burebistas Tod zerfiel das Reich in einander befehdende Fürstentümer.

Die Römer fanden die Dakereinfälle zwar lästig, fühlten sich durch sie jedoch nicht ernsthaft bedroht. Das änderte sich um 80 n. Chr., als der junge, ehrgeizige Decebalus König wurde. Er wollte das Reich des Burebista erneuern. Der Vorstoß über die Donau 85 n. Chr. wurde seine erste Kraftprobe mit Rom.

Das gebirgige Land der Daker war kein günstiges Terrain für Invasionen. Die einzige bequeme Route führte von Viminacium aus 100 km nach Norden in die Berge bei Tapae. So wurde Viminacium Ausgangspunkt der Operationen gegen die Daker, und als ein so wichtiges Zentrum wurde es Residenzstadt des Statthalters der Provinz (Obermösien). Anscheinend waren vier Legionen in dem Gebiet stationiert: Legion I Adiutrix, Legion II Adiutrix, Legion IIII Flavia und Legion VII Claudia, in der Maximus diente. Die Legion II Adiutrix war unlängst aus Britannien hierherverlegt worden, ihr Hauptquartier dort war Lincoln gewesen.

LINKS: In dieser Szene von der Trajanssäule sehen wir Trajans Heer beim Überschreiten der Donau auf zwei Schiffsbrücken aus Flußbooten.

RECHTS: Diese Szene von der Trajanssäule zeigt das Entladen eines Schleppkahns. Mit solchen Flußbooten wurden Schiffsbrücken geschlagen.

UNTEN: Arbeitstrupps der Siebenten Legion bauen eine Schiffsbrücke über die Donau.

Schiffsbrücken

Der römische Historiker Arrianus (er schrieb um 150 n. Chr.) erläutert, wie die Römer eine Schiffsbrücke bauten. Man zog Flußboote ein Stück oberhalb der Stelle, wo die Brücke entstehen sollte, auf den Fluß hinaus und ließ sie rückwärts stromab treiben. Männer in Ruderbooten manövrierten sie an Ort und Stelle. Dann wurden die Flußboote mittels pyramidenförmiger, mit Steinen gefüllter Weidenkörbe verankert. Die Lücken zwischen den Booten überbrückten die Legionäre mit Balken; darüber legten sie dann eine Bohlenfahrbahn mit Geländer an beiden Seiten.

Abmarsch der Armee

Im Morgengrauen brachen die Hilfstruppen auf, die auxilia. Sie setzten sich aus nichtrömischen Berufssoldaten zusammen und gehörten zum stehenden Heer. Zur Abschirmung der Legionen vorausgeschickt, erkundeten sie das Gelände, durchsuchten es nach Hinterhalten und erstatteten laufend Meldung.

Die Legionäre standen bei Tagesanbruch auf und frühstückten. Die neuen Rekruten fröstelten in der Morgenkühle und warteten gespannt, wenn auch etwas beklommen auf das Ertönen der Trompete. Beim ersten Signal rannten sie in ihre Kasernen, legten ihre Rüstung an und verschnürten die Helmriemen unterm Kinn. Beim nächsten Trompetenstoß brachten sie ihre Ausrüstung nach draußen und luden ihre Zelte samt allem, was sie nicht selbst tragen konnten, auf Maultiere. Dann formierten sich die Zenturien. Die Trompete ertönte zum dritten Mal und trieb die letzten Säumigen zur Eile an. Nun marschierten sie unter der Führung ihrer Zenturionen auf den Antreteplatz. Legion an Legion, nahmen sie vor dem Tribunal Aufstellung.

Das Kommando über die Armee hatte Tettius Julianus inne, der Statthalter der Provinz. Er war vor dem Morgengrauen aufgestanden und hatte sich vergewissert, daß die Vorzeichen (omina) günstig und die Götter dem Feldzug wohlgesinnt waren. Nun stieg er auf das Tribunal, begleitet von einem Herold, der für ihn mit eigens geschulter, lauter Stimme sprach. Der Statthalter wünschte den Männern Glück zu ihrem Aufbruch und machte ihnen Mut, indem er sie an die vielen Siege Roms über die Barbaren erinnerte. Er betonte, daß frühere Niederlagen die Folge mangelhafter Vorbereitung und schlechter Erkundung gewesen seien. Dann fragte der Herold die Soldaten dreimal, ob sie kriegsbereit seien, und dreimal riefen die Soldaten: „Wir sind bereit!“ Ihre Antwort unterstrichen sie dadurch, daß sie die rechte Hand erhoben. Anschließend marschierte eine Legion nach der anderen in größter Ordnung zu der Brücke.

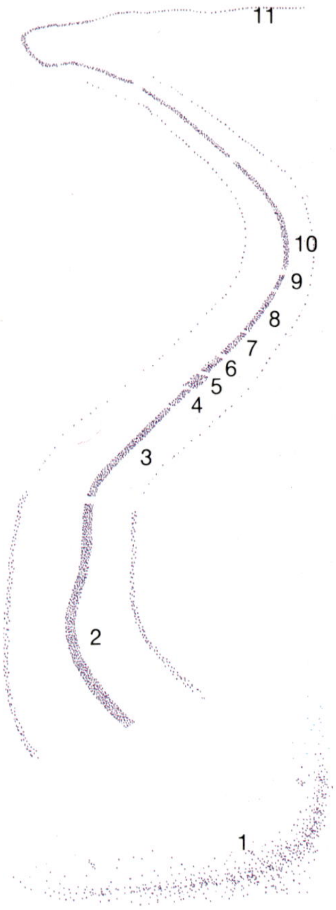

Die Marschordnung

Der jüdische Geschichtsschreiber Josephus gibt in seiner Darstellung des jüdischen Aufstands 66 n. Chr. die römische Marschordnung an.

1. Die Hilfstruppen (leichtes Fußvolk, Bogenschützen, Schleuderer und Reiter) wurden vorausgeschickt, um das Gelände zu erkunden und Angriffe abzuwehren.
2. Die Vorhut: eine Legion, unterstützt von einem Trupp Reiterei.
3. Zehn Mann aus jeder Zenturie, die die Werkzeuge für den Lagerbau trugen.
4. Die Pioniere, deren Aufgabe es war, schwer gehbare Strecken zu ebnen und hinderliches Buschwerk zu entfernen.
5. Das Gepäck des Feldherrn und seiner Stabsoffiziere, mit einer starken berittenen Eskorte.
6. Der Feldherr selbst mit seiner Leibwache.
7. Die den Legionen zugeteilten Reiter (120 je Legion).
8. Die zerlegten Belagerungswaffen.

9. Die höheren Offiziere: Legaten, Tribunen und Auxiliarpräfekten mit einer Kerntruppen-Eskorte.
10. Die Legionen. Jede Legion wurde vom Adlerträger (aquilifer) angeführt. Er war von den anderen Feldzeichenträgern umgeben, denen die Trompeter folgten. Danach kamen zu sechst nebeneinander die Legionäre. An das Fußvolk jeder Legion schloß sich der Troß an.
11. Die Nachhut, bestehend aus Leicht- und Schwerbewaffneten sowie zahlreichen Reitern. Der ganze Heerwurm, 4 Legionen, würde etwa 20 km lang gewesen sein.

RECHTS: Diese Szene von der Trajanssäule zeigt von Ochsen und Maultieren gezogene Wasserkarren. Zu sehen sind auch Hornisten und eine Gruppe von Feldzeichenträgern, die den aquilifer umgibt.

UNTEN: Die Vorhut der römischen Armee überschreitet die Donau. Die Vorhut bestand aus einer täglich durch das Los ermittelten Legion und einer Reiterabteilung. Wenn die Siebente Legion die Vorhut war, wurde sie wahrscheinlich von der 500 Mann starken Zweiten Pannonischen Reiterabteilung begleitet, die in der Nähe von Viminacium stationiert war. Maximus wurde später zu dieser Einheit versetzt.

In Feindesland

Wir wissen nicht viel mehr über diesen Krieg, als daß bei Tapae eine Schlacht stattfand, die die Römer gewonnen zu haben behaupten. Der Dakerkönig Decebalus muß gewußt haben, daß er den Römern in offener Schlacht nicht gewachsen war, und versuchte wahrscheinlich, sie in die Berge zu locken. Die Römer werden jedes Bauerngehöft, jedes Dorf niedergebrannt haben, um Decebalus zu veranlassen, den Leuten zu Hilfe zu kommen. Diese Methode war damals üblich. Aber es klappte nicht; das erste Jahr brachte keine Entscheidung.

Im Sommer darauf versuchten es die Römer erneut, doch diesmal verfolgten sie Decebalus bis in die Berge, denn sie wollten unbedingt in das zentrale Hochland vordringen. Die Daker kämpften jetzt auf Heimatboden und werden die marschierenden Legionen unausgesetzt angegriffen haben, wobei sie ihre riesigen Krummschwerter schwangen, mit denen sie einem Mann glatt einen Arm abhauen oder einen eisernen Helm spalten konnten. Die Armee mußte nun in Schlachtordnung vorrücken und ständig auf der Hut sein. Das Aufschlagen des Lagers erforderte Sicherheitsvorkehrungen. Jeden Abend wurden einige Legionen in Gefechtsgliederung vor der markierten vordersten Verteidigungslinie aufgestellt. Sie schützten die Legionäre, die hinter ihnen das Lager errichteten. Zunächst fällten die Legionäre die Bäume und rodeten alles Gebüsch. Dann hoben sie einen 3,5 m breiten, 2,5 m tiefen und fast einen Kilometer langen Graben aus. Die Erde schütteten sie hinter dem Graben zu einem Wall auf.

Jede Zenturie arbeitete an einem bestimmten Grabenabschnitt und wurde dabei von den Zenturionen beaufsichtigt. Jeder Soldat kannte seine Aufgabe, da gab es keinen Zank und Streit darum, wer was tun sollte. Manche stachen Rasen für den Wall ab, andere lockerten die Erde mit ihren Hacken und schaufelten sie in geflochtene Weidenkörbe, die sie den Kameraden auf dem Wall hinaufreichten. Der Gepäcktroß wurde hinter die Lagerbefestigung verlegt, wo er gegen Überfälle geschützt war.

LINKS: Szene von der Trajanssäule mit Legionären beim Lagerbau.

UNTEN: Legionäre errichten ein Lager, während ein Teil der Streitmacht den Feind beobachtet.

Schanzzeug
1. Hacke (dolabra) und Schutzkappe. **2.** Rasenstecher. **3.** Schanzwerkzeug. **4.** Schaufel. **5.** Palisadenstange. Diese Stangen sind gewöhnlich ca. 1,5 m lang. – Nr. 3 ist aus Schottland, der Rest aus Deutschland.

Feldbefestigungen

Von der „guten alten Zeit" des frühen Kaiserreiches sprechend, erzählt der spätrömische Schriftsteller Vegetius, wie im Angesicht des Feindes ein Lager errichtet wurde. Die Hälfte der Infanterie und die Reiterei sind in Gefechtsgliederung vor dem Feind plaziert. Hinter diesem Wall von Menschen heben die übrigen Legionäre den 12 römische Fuß (3,6 m) breiten und 9 Fuß (2,7 m) tiefen Graben aus. Die Umwallung, aus der geförderten Erde aufgeschüttet und mit Rasen verkleidet, ist 4 Fuß (1,2 m) hoch. Diese Anlage bildete die Lagerfront.

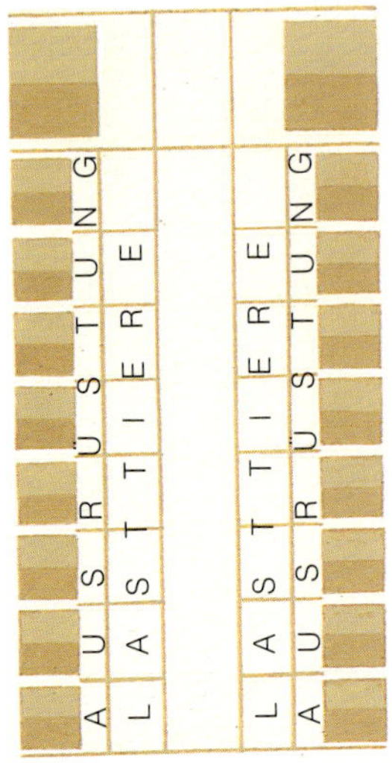

LINKS: Anordung der Zelte für zwei Zenturien, nach dem römischen Fachschriftsteller Hyginus. Er setzt pro Zenturie acht Zelte an und ein größeres Zelt für den Zenturio. Jedes Mannschaftszelt war mit 8 Mann belegt, sagt Hyginus; die übrigen Soldaten der Zenturie hatten Wachdienst. Vor den Zelten war Platz für die Maultiere und die Legionärsausrüstung. Der Zenturio verwahrte seine Ausrüstung höchstwahrscheinlich in seinem Zelt. Jede Zenturie hatte vermutlich 12 Maultiere, d. h. zehn für die Legionäre und zwei für Gepäck und Ausrüstung des Zenturios.

Im Lager

Der Graben und der Wall, woran die Legionäre arbeiteten, bildeten die vorderen Verteidigungsanlagen. Nach deren Fertigstellung wurde die übrige Streitmacht Einheit für Einheit zurückgezogen und die Männer gingen daran, das Lager an den anderen Seiten zu befestigen. Jeder Legionär rammte die zwei zugespitzten Stangen, die er mit sich trug, oben auf dem Schwanzaufwurf ein. Dann wurden die Stangen in der Mitte aneinandergebunden. So entstand eine Palisade auf dem Wall.

Die Lagerbefestigungen waren wahrscheinlich nach zwei Stunden fertig. An der Umwallung und an Schlüsselpunkten im Lager zogen Posten auf. Jede Legion stellte eine Kohorte, rund 500 Mann stark, für den Dienst vor den Toren des Lagers. Nun konnten die Legionäre die Zelte aufschlagen. Das Lager wurde wie eine Stadt angelegt. Der Vermessungstrupp hatte die einzelnen Teile bestimmt und die Hauptpunkte mit Fahnen markiert. Der Platz, wo sich der beste Rundblick bot, war für das Feldherrnzelt (praetorium) reserviert. Das Lager hatte zwei Hauptstraßen, die via praetoria und die via principalis. Die via praetoria führte von vorn nach hinten durch das Lager und auf ihr stand das praetorium, wie der Name sagt. Die via principalis verlief quer durch das Lager, sie wurde vor dem Feldherrnzelt von der via praetoria geschnitten. Diese zwei Straßen teilten das Lager in Viertel.

Jede Legion hatte ihren eigenen Bereich im Lager, das nach einem rechtwinkligen Gitternetz gegliedert war. Jeder Zenturie stand ein rund 36 m langer und 10 m breiter Platz zu, und zwar immer an der gleichen Stelle, so daß die Soldaten stets genau wußten, wo ihre Zelte zu stehen hatten. Als erstes bauten sie das Zelt des Feldherrn auf, dann kamen die Zelte für die anderen höheren Offiziere an die Reihe und danach die Zelte der Zenturionen. Schließlich schlugen die Legionäre ihre eigenen Zelte auf, und nun konnten sie endlich ausruhen.

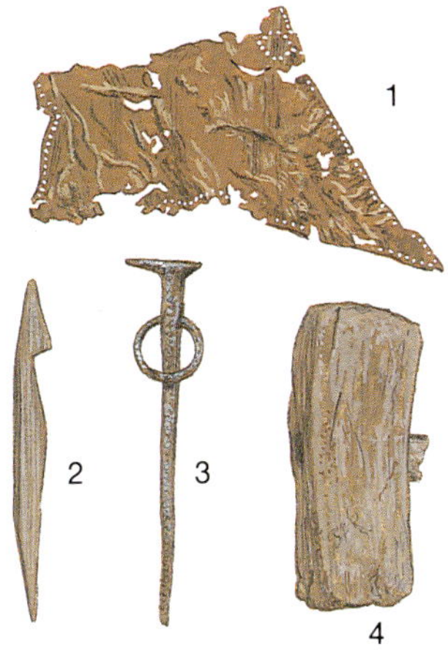

LINKS: **1.** Stück von einem Lederzelt.
2. Hölzerner Zeltpflock.
3. Eiserner Pflock zum Anbinden eines Tieres.
4. Holzhammer.

RECHTS: Diese Szene von der Trajanssäule zeigt Tiere, die zur Opferstätte geführt werden. Im Hintergrund Zelte, davor Feldzeichen.

UNTEN: Im Lager. Wir sehen das große Zelt eines Zenturios sowie ein kleineres Legionärszelt mit Waffen und Gerät davor. Zwei Soldaten rüsten sich zum Wachdienst.

Kriegsrat

Regelmäßig wurde Kriegsrat gehalten, um die Probleme des Feldzuges zu erörtern. Teil nahmen an diesen Sitzungen nicht nur die Legionskommandeure, Tribunen und Präfekten, die die Hilfstruppen kommandierten, sondern auch die dienstältesten Zenturionen, die tüchtigsten Berufsoffiziere der Legionen. Dank ihrer unermeßlichen Erfahrung konnten sie den Heerführer in praktischen Fragen des Feldzuges beraten. Gewiß kam dabei auch zur Sprache, was für schreckliche Wunden die Daker mit ihrem Krummschwert zu schlagen wußten.

Wahrscheinlich wurden auch die dienstältesten Waffenmeister der vier Legionen hinzugezogen. Auf sie muß die Anregung zurückgegangen sein, den Helm mit den zwei gekreuzten Bügeln zu versehen, die an römischen Helmen gegen Ende des 1. Jhs. n. Chr. auftreten. Man weiß nicht genau, wann diese Maßnahme ergriffen wurde, aber wahrscheinlich traf man sie, während sich die Armee auf dem Feldzug befand, denn die gefundenen Exemplare zeigen ziemlich grobe Arbeit, was die Bügel angeht. Es war eine Riesenaufgabe. Zweifellos beeilten sich die Schmiede, trotzdem muß das Ausstatten sämtlicher Helme mit Bügeln Wochen in Anspruch genommen haben.

Decebalus wird stets auf erhöhtem Grund geblieben sein und sich mit Überfällen auf Nachschub bringende römische Einheiten begnügt haben. Tag für Tag drangen die Römer weiter in den Bergen vor, in Richtung auf den Paß bei Tapae am Eisernen Tor. Mit Feuer und Schwert vernichteten sie alles, was sie vorfanden. Dennoch ließ sich Decebalus auf keine Schlacht ein. Die weit vor dem Hauptheer operierende Reiterei fing Versprengte ab und schickte ununterbrochen Gefangene zu Verhören nach hinten. Bei Tapae machte Decebalus halt und stellte sein Heer an den Berglehnen auf. Eindeutig wollte er den Römern den Weg ins Herzland Dakiens verlegen. Sogleich meldeten es die römischen Kundschafter. Die Legionen gingen in die Schlachtordnung über, plazierten den ganzen Troß am Ende der Marschkolonne und rückten, von starken Kavalleriekräften gedeckt, zügig auf Tapae vor.

Kleidung und Helme

LINKS: Ein Legionär von der Trajanssäule im Schienenpanzer (lorica segmentata). Er trägt einen Kreuzbügelhelm.

UNTEN: Ein Legionär im Felde putzt seine Rüstung. Der Legionär der Donaulegionen trug als volle Rüstung Schienen-, Ketten- oder Schuppenpanzer, Helm, rechten Armschutz und eine oder zwei Beinschienen. Hatte er nur eine Beinschiene, so trug er sie in der Regel am linken Bein.

OBEN: **1.** Legionär (von der Trajanssäule) bei der Arbeit mit bloßem rechtem Arm. **2.** Legionär (von der Trajanssäule) bei der Arbeit mit im Nacken verknoteter Tunika. **3.** Diese Statue eines Legionärs (gefunden in London) zeigt den auf der rechten Schulter gefalteten Soldatenmantel.

UNTEN: Typischer römischer Soldatenschuh (caliga), gefunden in Britannien.

Die Tunika

Die Tunika, das Untergewand des Legionärs, bestand aus zwei rechteckigen wollenen Stoffstükken und war auf den Schultern so zusammengenäht, daß eine Öffnung für den Kopf blieb. Manchmal hatte sie Ärmel. Sie war weit geschnitten, reichte bis zu den Knien und wurde gegürtet getragen. Zum Arbeiten zog der Legionär sie in die Höhe, damit sie ihn nicht behinderte. Die Halsöffnung war so groß, daß er den rechten Arm durchstecken konnte (siehe links Nr. 1). Wollte er sie über beiden Schultern tragen, verknotete er den Stoff hinten im Nacken, um zu verhindern, daß ihm das Gewand über die Arme hinabrutschte (siehe Nr. 2).

Der Mantel

Der Legionär trug einen Mantel aus einem einteiligen Stück Stoff. Um die Schultern gelegt, hing das Gewand an allen Seiten herab und bedeckte Arme und Schenkel; es wurde vorn geknöpft, jedoch von der Taille abwärts offengelassen, damit die Beine Spielraum hatten. Die über die Arme laufenden Teile ließen sich so auf der Schulter drapieren, daß die Arme frei blieben. Oft hatte der Mantel eine Kapuze.

Schuhwerk

Als Schuhwerk trug der Legionär die caliga, den Riemenschuh. Das Oberteil war aus einem einzigen Stück festen Leders geschnitten und an der Ferse zusammengenäht. Es saß an einer dicken, genagelten Sohle. Untersuchungen zeigen, daß diese Beschlagnägel sich sehr schnell abnutzen; man wird sie also regelmäßig erneuert haben müssen.

Rüstung

Aus den Reliefs der Trajanssäule läßt sich ein klares Bild des römischen Legionärs mit Schienenpanzer, Kreuzbügelhelm und rechteckigem Schild gewinnen. An Beinen und Armen trägt er nichts. Dies gilt heute als zutreffendes Bild des Legionärs in dieser Periode. Die Reliefs vom Monument von Adamklissi zeigen ebenfalls Legionäre mit rechteckigen Schilden und Kreuzbügelhelmen, aber sie tragen Ketten- und Schuppenpanzer, Armschutz und Beinschienen. Offenbar konnte die Ausrüstung doch recht verschieden sein.

OBEN: Legionär, nach einem Relief vom Monument von Adamklissi.

1

2

3

OBEN: **1.** Kreuzbügelhelm aus Rumänien.
2. Typische Wangenklappe.
3. So wurden die Bügel an einem typischen Helm aus dem Rheinland angebracht.

Helme

In der Donauregion wurden drei Kreuzbügelhelme gefunden. Sie sind typisch für die im Rheinland in der 2. Hälfte des 1. Jhs. n. Chr. gemachten Helme, abgesehen davon, daß sie aufgenietete Eisenbügel haben. Die Bügel laufen über die Helmverzierung und sind unverkennbar nachträglich angebracht worden.

Diese Helme waren innen gepolstert. Am breiten Nackenschirm waren mit Ringen Riemen befestigt. Die Riemen wurden nach vorn gezogen, an der Kehle kreuzweis übereinandergelegt, durch Ringe in den Wangenklappen geführt und unter dem Kinn zusammengebunden. Es war fast unmöglich, daß ein solcher Helm dem Träger vom Kopf fiel.

Rüstung und Waffen

Schienenpanzerteile, gefunden zu Corbridge (England). **1.** Linke obere Rücken-Partie. **2.** Linke Brust/Schulter-Partie. **3.** Linke dreiteilige Schulterpartie.

1

2

3

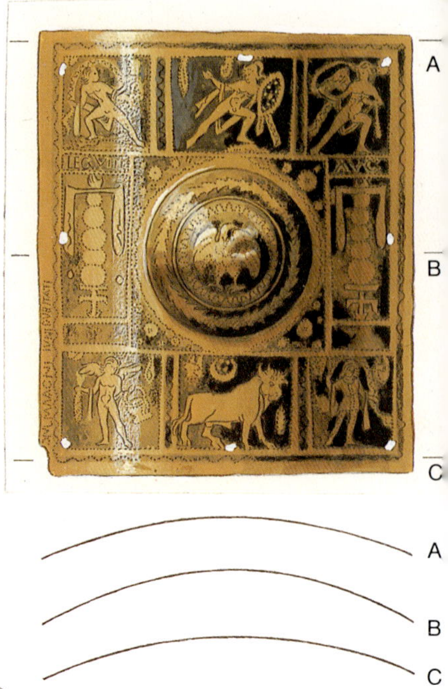

OBEN: Der Schildbuckel aus dem Fluß Tyne. Maßstab 1:5. Die drei gekrümmten Linien zeigen, wie der Schild oben, in der Mitte und unten gewölbt ist.

UNTEN: Ein rekonstruiertes scutum, nach dem Exemplar aus Dura-Europos in Syrien.

7

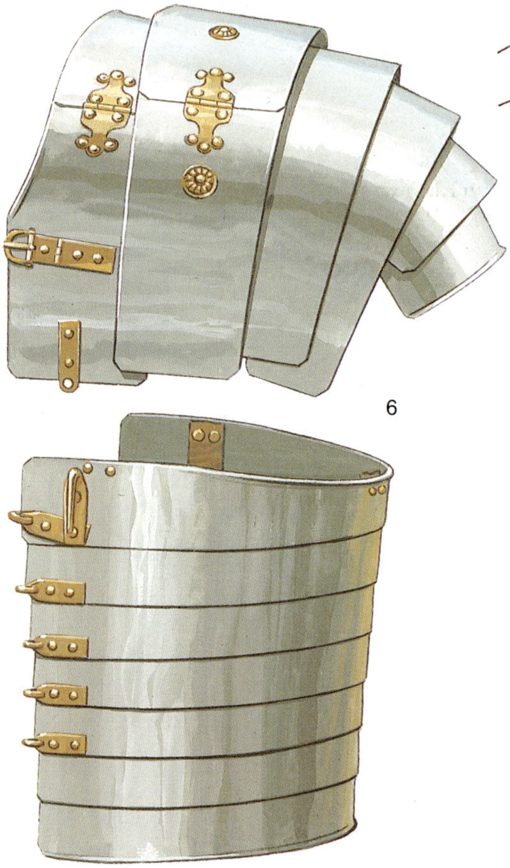

6

4

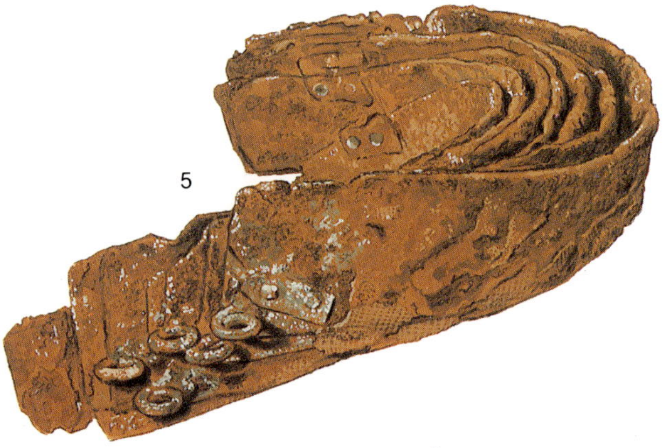

5

4. Gürtelschienen von hinten. **5.** Gürtelschienen von vorn. **6.** Rekonstruktion der linken Seite des Panzers, von vorn gesehen. **7.** Rekonstruktion der linken oberen Rückenpartie.

Panzer

Es gab drei Panzerarten: Kettenpanzer (miteinander verbundene Ringe), Schuppenpanzer und Schienenpanzer. Eiserne Schuppen wurden im Legionslager Carnuntum an der Donau gefunden. Einige waren über 4 cm lang und 1 mm dick. Sie überlappten so, daß der Panzer überall zwei Schuppen stark war.

Schienenpanzer

Ebenfalls in Carnuntum wurden mehrere eiserne Schienen mit bronzenen Beschlagteilen gefunden, was zeigt, daß auch Schienenpanzer an der Donau getragen wurden. Die besten Exemplare dieses Typs (lorica segmentata) kamen in Corbridge (Nordengland) ans Licht. Dort barg man drei komplette Garnituren samt den Lederriemen, an denen die Schienen hingen.

Schilde

Der Schild (scutum) bestand aus drei übereinandergeleimten Schichten von Holzstreifen und war mit Haut oder Filz bezogen. Er war ca. 1 m lang und gewölbt. Die Wölbung zeigt der Schildbuckel aus dem Fluß Tyne (siehe S. 24). Die drei Profile weichen etwas voneinander ab: Das mittlere entspricht einem Kreis mit einem Durchmesser von nicht ganz 1 m. Der Schild wog ungefähr 6 kg.

Waffen

Der Legionär trug Wurfspieß (pilum), Dolch (pugio) und Schwert (gladius). Drei nahezu vollständige pila wurden bei Oberaden (Nordrh.-Westf.) geborgen; nur die unteren Teile fehlen. Sie haben einen dünnen, ca. 60 cm langen Eisenschaft mit pyramidenförmiger Spitze und zungenförmigem Endstück (siehe Nr. 4), das in den Holzschaft eingelassen und mit drei Nieten befestigt wurde. Häufig werden zwei andere pila-Formen gefunden. Sie unterscheiden sich nur darin, wie die Spitze am Holzschaft befestigt ist (Nr. 2 und 3). Die pila aus Oberaden wiegen nur etwa 1 kg. Ein schwereres pilum mit einem oberhalb des Holzgriffs eingelassenen Bleigewicht wurde eingeführt, kurz bevor Maximus in die Armee eintrat.

Der Dolch

Der Dolch war eine kurze Waffe, deren Klinge eine lange Spitze aufwies (Länge ca. 25 cm). Die Dolchscheide wurde aus Holz gefertigt und trug vorne eine verzierte Bronzeplatte.

Das Schwert

Das Schwert war eine kurze Waffe mit 40–50 cm langer Klinge, deren Schneiden fast parallel zueinander verliefen. Ein solches Exemplar hat man unlängst in Herculaneum geborgen, einer Stadt, die vom Vesuvausbruch 79 n. Chr. verschüttet wurde. Ebenfalls zum Vorschein kamen die Scheide, zwei Gürtel und die Schurzstreifen, die von ihnen herabhingen. Diese waren sechs oder sieben Jahre vor Maximus' Eintritt in die Armee in Gebrauch gekommen. Die Stücke unten sind aus Jugoslawien, wo die Siebente Legion stationiert war. Sie sind nahezu identisch mit den in Herculaneum gefundenen Exemplaren.

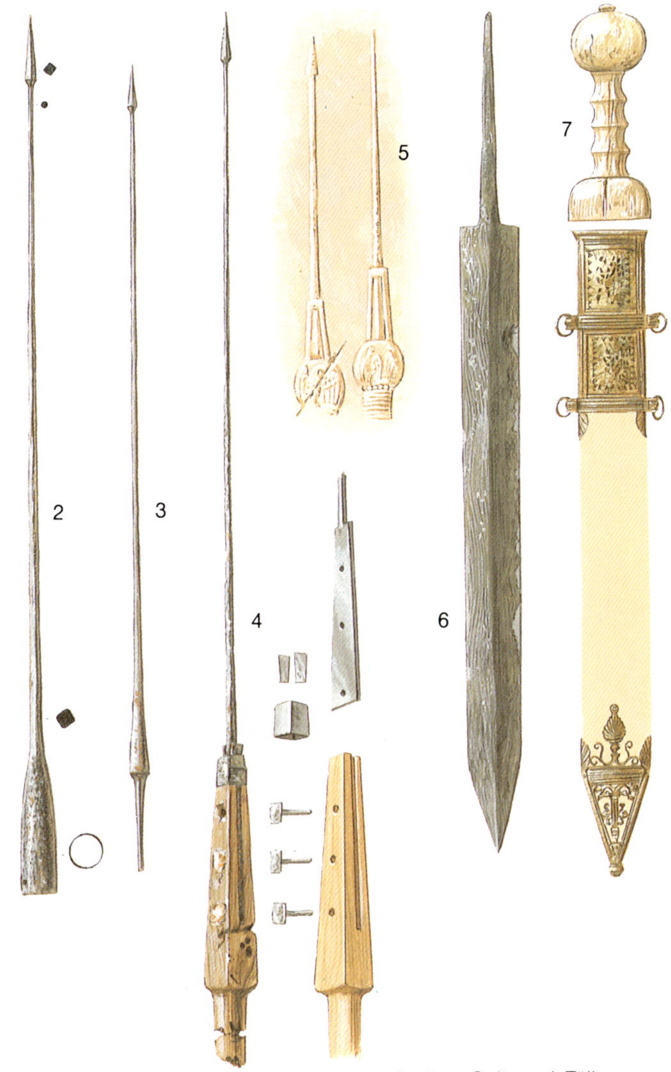

OBEN: **2.** pilum-Spitze mit Tülle, **3.** mit Schaft; von der Saalburg (Hessen). **4.** Eines der pila aus Oberaden (Nordrh.-Westf.). **5.** Die schweren pila am Cancelleria-Relief in Rom. **6.** Schwertklinge aus Newstead (Schottland). **7.** Schwertbeschläge von verschiedenen Fundorten. Alle ein Sechstel der Originalgröße.

LINKS: **1.** Dolch und Dolchscheide aus Mainz.

UNTEN: Gürtel- und Riemenbeschläge aus Jugoslawien. **8.** Gürtelplatte mit Schnalle. **9.** Gürtelplatte mit Dolchhalterung. **10.** und **11.** Schurzstreifenendstücke. **12.** Scheibe von einem Schurzstreifen.

Die Schlacht beginnt

Die Römer marschierten auf vier Kilometer an die Stellung der Daker heran. Die ersten zwei Legionen wurden in Gefechtsgliederung aufgestellt, flankiert von den Hilfstruppen. Die übrigen Legionäre legten Schilde, Helme und Waffen beiseite (allerdings griffbereit!) und begannen mit der Schanzarbeit. Hinter den Graben strömten die Lagerbediensteten, Händler und anderes Volk, das der Truppe nachzog. Auch das Gepäck und die Belagerungswaffen wurden dort deponiert. So war es üblich.

Was als nächstes geschah, wissen wir nicht. Vielleicht griffen die Daker die Römer an, solange die sich verschanzten. Immerhin waren die Römer in diesem Moment höchst verwundbar. Der Gedanke einer regelrechten Feldschlacht zweier feindlicher, einander gegenüber aufmarschierter Heere in freiem Gelände liegt zwar nahe, doch wurde er selten in die Praxis umgesetzt. Julius Caesar hat in den ganzen 14 Jahren seiner militärischen Laufbahn nur eine einzige derartige Schlacht geliefert – und zwar einem anderen Römer, Pompejus dem Großen.

Man kann sich die Situation ausmalen. Die Daker haben sich an den Berglehnen konzentriert, über ihren Köpfen flattern die farbigen Stoffdrachen als Feldzeichen. Die Daker schreien den Römern Beleidigungen zu. Rauh ertönen ihre Kriegstrompeten. Plötzlich scheinen sie zu erkennen, daß ihnen nur ein Teil der römischen Armee gegenübersteht. Und nun schwärmen sie mit ohrenbetäubendem Gebrüll hügelabwärts.

Bei den Römern ruft Trompetenschall zu den Waffen. Die im Graben arbeitenden Legionäre packen ihre Waffen und rennen zu ihren Feldzeichen. Im Laufen zerren sie die Lederbezüge von ihren Schilden. Die bereits in Schlachtordnung angetretenen, disziplinierten Legionäre stehen bewegungslos. Nur ihre rechten Hände trommeln mit den schweren Wurfspießen gegen ihre Schilde. Ein unheimliches Geräusch, von den Bergen hallt es wie Donnergrollen wider. Endlich, die Feinde sind schon fast heran, blasen die Trompeten zum Angriff. Mit Gebrüll stürmen die Legionäre vor und schleudern ihre Wurfspieße.

LINKS: Szene von der Trajanssäule – ein Gefangener wird zum Verhör gebracht.

RECHTS: Szene von der Trajanssäule – Daker im Kampf mit römischen Hilfstruppen.

UNTEN: Legionäre schleudern ihre Wurfspieße, um die Wucht des Dakerangriffs zu brechen.

Der schwere Wurfspieß

Der kombinierte Einsatz von schwerem pilum und kurzem Stoßschwert im Kampf war eine römische Spezialität. Das pilum wurde wahrscheinlich im 4. Jh. v. Chr. eingeführt, um die Wucht des wilden keltischen Angriffs zu brechen. Es war eine sehr wirksame Waffe; unter einem pilum-Hagel konnte keine Streitmacht gleichzeitig Stoßkraft und Gliederung aufrechterhalten. Der um 150 v. Chr. schreibende griechische Historiker Polybios sagt, daß jeder Legionär zwei pila trug, ein dickes und ein dünnes pilum. Diese Beschreibung paßt auf die mit Funden belegten Formen mit Schaft und die mit Tülle.

UNTEN: Der Wurfspießhagel bringt den Feind in Verwirrung. Nun ziehen die Römer ihre kurzen Schwerter und dringen auf die Daker ein.

RECHTS: **1.** Daker mit Krummschwert (falx), vom Monument von Adamklissi.
2. Dakische falx, 90 cm lang. Sie wurde mit beiden Händen gefaßt.

GANZ RECHTS: Diese Szene von der Trajanssäule zeigt eine Verbandstelle.

Erstes Blutvergießen

Der mörderische Wurfspießhagel richtete schlimme Verheerungen an, besonders unter den Kriegern mit Krummschwertern, weil sie weder Schild noch Panzer trugen. Wütend versuchten sie, den pila auszuweichen, aber da so viele angeflogen kamen, war es schier unmöglich. Manche versuchten sogar, sie in der Luft zu ergreifen und zurückzuschleudern. Die Krieger mit Schilden waren weit besser geschützt, doch durch einschlagende und steckenbleibende pila wurden die Schilde sehr unhandlich.

Die Wucht des dakischen Angriffs war gebrochen. Die Legionäre nutzten die Verwirrung des Feindes aus, zogen ihre Schwerter und gingen zum Nahkampf über. Mit voller Kraft warfen sie sich auf den Gegner. Die Schlacht wurde zu einer Bewährungsprobe der Geschicklichkeit, Ausdauer und Disziplin der Kämpfer, und die Rekruten konnten zeigen, was sie gelernt hatten.

Jetzt trat die wahre Natur der so unbeliebten Zenturionen zutage. Als die jungen, unerfahrenen Rekruten vor den gefürchteten dakischen Schwertfechtern flohen, behaupteten die Zenturionen unerschütterlich die Stellung, bereit, ihr Leben zu opfern, um ihre Soldaten zu retten. Maximus hörte plötzlich aufmunternde Zurufe von dem Mann, den er haßte, und sah zum ersten Mal den goldenen Kern in der rauhen Schale.

„Nur Mut, Maximus, er ist ja nur ein Barbar. Denk an das, was ich dir beigebracht habe. Immer auf den Bauch zielen!" Maximus sah, daß ein riesengroßer Daker ihn mit erhobenem Krummschwert angriff. Instinktiv riß Maximus seinen Schild hoch. Durch das Auffangen des Hiebs verrenkte er sich fast die Schulter. Splitter trafen ihn ins Gesicht, einen Moment lang konnte er nichts sehen. Und wieder brüllte der Zenturio:

„In den Bauch, Maximus! Zustoßen! Zustoßen!"

Maximus machte einen Ausfall, wie er es gelernt hatte, und spürte, wie sein Schwert in Weiches eindrang. Er hörte ein Stöhnen. Warmes Blut rann ihm über die Hand... So könnte es gewesen sein; wir wissen immerhin, daß Maximus für seine Tapferkeit ausgezeichnet wurde.

1

2

Die Zenturionen

Die wahre Natur der Zenturionen zeigt sich in einer Episode in Caesars Büchern „Über den Gallischen Krieg". Im Jahre 52 v. Chr. versuchten Caesars Truppen, die befestigte Bergstadt Gergovia zu erstürmen. Sie wurden zurückgeschlagen. So hohe Verluste die Römer auch erlitten haben mögen, die Zenturionen standen eisern ihren Mann und deckten den Rückzug ihrer Soldaten. Unter den fast 700 Gefallenen waren 46 Zenturionen. Hier kam bei den Toten ein Zenturio auf 14 Legionäre. Bei den Lebenden kam in der Regel ein Zenturio auf 80 Legionäre.

Frei vom schweren Dienst

Angeschlagen, aber nicht besiegt, zogen sich die Daker auf den erhöhten Grund zurück. Die Römer waren an der Fortsetzung des Feldzuges nicht interessiert; sie hatten den Feind gezüchtigt und das Feld behauptet. Ein paar Tage später brachen die Römer das Lager ab und kehrten an die Donau zurück.

Nun wird für Maximus bald wieder der Alltag des Lagerlebens begonnen haben. Es bestand nicht nur in Drill und Arbeitsdienst. Die Legionäre hatten jetzt viel Freizeit, die sie in der Stadt oder gemütlich in den Bädern verbrachten. Über Maximus' Privatleben ist uns nichts bekannt. Soldaten durften nicht heiraten, doch hat Maximus gewiß so manches Mädchen am Ort kennenlernen können und vielleicht sogar eine feste Freundin gehabt. Falls sie Kinder bekamen, waren die zwar unehelich, doch das ließ sich bei seinem Ausscheiden aus der Armee ändern. Von solchen Zivilehen wissen wir aus Soldatenbriefen, die man in Ägypten gefunden hat.

Über die militärische Laufbahn des Maximus verrät uns sein Grabstein eine Menge. Maximus kam zu der 120 Mann starken Reiterei der Legion und war fortan wahrscheinlich frei vom gewöhnlichen Arbeitsdienst. Als Reitersoldat wird er viel für Patrouillen- oder Melderitte entlang der Donau eingesetzt worden sein. Er stieg zum Bankier seiner Einheit auf, ein Beweis dafür, daß er ehrlich war, und er wurde in die berittene Leibwache des Befehlshabers aufgenommen. Schließlich kam die Beförderung zum Feldzeichenträger mit doppeltem Sold. Als nächstes hätte Maximus Zenturio werden können, aber aus uns unbekannten Gründen hat das bei ihm nie geklappt. Kurz nach dem Kriege schickten die Römer eine Expeditionstruppe durch Dakien nach Süddeutschland. Ob Maximus dabei war oder nicht, können wir nicht feststellen. Vielleicht ist er erst ein Dutzend Jahre später wieder im aktiven Dienst gewesen. Was wir wissen, ist, daß Kaiser Trajan ihn zu einer selbständigen Kavallerieeinheit versetzte. Doch das bildet das Thema des Buches *Tiberius Claudius Maximus, ein römischer Reiter.*

Organisation der Legion und Beförderung

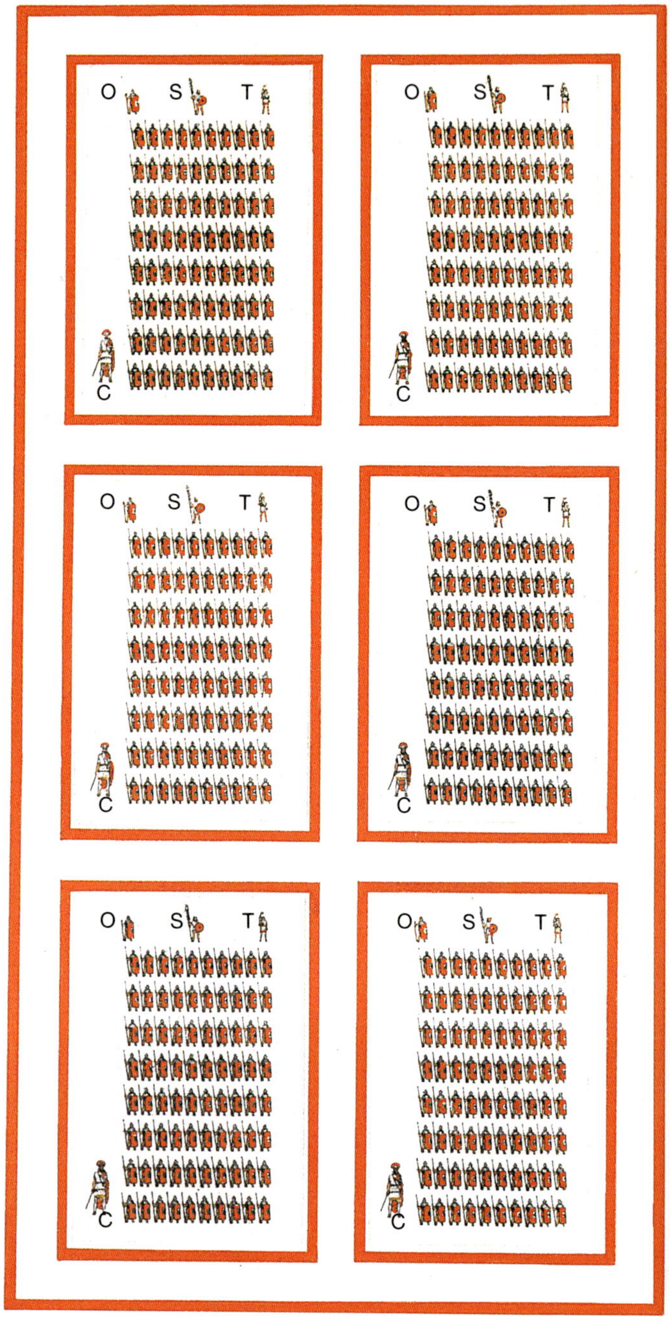

OBEN: Eine Standard-Kohorte mit sechs Zenturien (Normalstärke). **C** Zenturio. **O** optio **S** Feldzeichenträger (signifer). **T** tesserarius.

UNTEN: Eine Legion, bestehend aus neun Standard-Kohorten (jede ca. 480 Mann stark), einer großen Kohorte (ca. 800 Mann) und 120 Reitern.

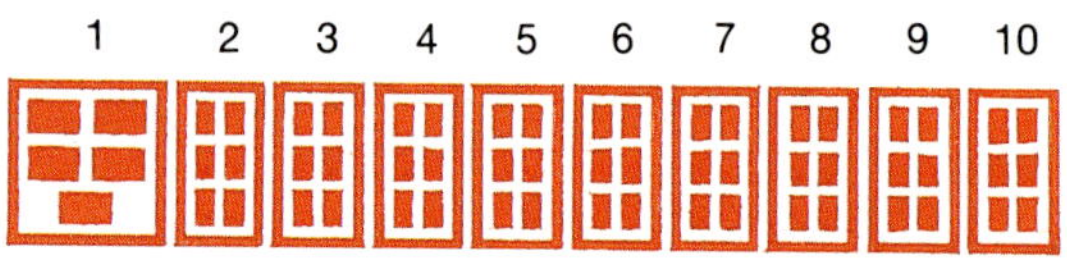

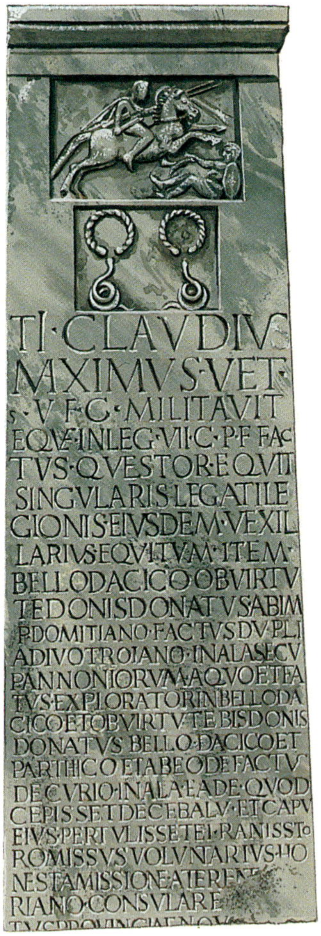

Grabstein des Maximus

Ganz oben an dem Grabstein sehen wir Maximus zu Pferde und unter ihm Decebalus. Darunter zwei torques und Armreifen (armillae), wahrscheinlich die Auszeichnungen, die er sich bei Tapae verdient hatte. Die Inschrift ist in abgekürztem Latein. Der vollständige Text würde lauten:

Tiberius Claudius Maximus, veteranus sibi vivo faciendum curavit. Militavit eques in legione VII Claudia pia fideli, factus quaestor equitum, singularis legati legionis eiusdem, vexillarius equitum, item bello Dacico ob virtutem donis donatus ab imperatore Domitiano.

Das besagt, daß er ein Veteran *(veteranus)* der Siebenten Legion war, in der er als Reiter *(eques)* diente. Er wurde Bankier seiner Einheit *(quaestor equitum)*, Leibwächter des Legionsbefehlshabers *(singularis legati legionis)*, Standartenträger der Legionsreiterei *(vexillarius equitum)* und erhielt im Dakerkrieg *(bello Dacico)* für seine Tapferkeit Auszeichnungen *(donis)* vom Kaiser Domitian. – Des weiteren ist auf dem Grabstein seine Laufbahn unter dem Kaiser Trajan aufgezeichnet.

Die Legion

Die Legion bestand aus zehn Kohorten. Neun davon, die Kohorten 2 bis 10, umfaßten je sechs Zenturien, jede zu ca. 80 Mann. Jede Zenturie wurde von einem Zenturio geführt und hatte ihr eigenes Feldzeichen. Der Zenturio hatte einen Stellvertreter (optio) und einen Parolträger (tesserarius).

Die erste Kohorte

Die I. Kohorte umfaßte 5 Doppelzenturien, jede kommandiert von einem Zenturio. Diese Offiziere (primi ordinis) rangierten vor allen anderen Zenturionen in den Legionen, und der ranghöchste war der primus pilus.

Die Legionsreiterei

Ferner hatte die Legion 120 Reiter (equites legionis), die als Meldereiter und als berittene Eskorte des Kommandeurs eingesetzt wurden.

Legionskommando

Den Oberbefehl über die Legion hatte ein Legat, dem sechs Tribunen unterstellt waren. Sie wurden von Rom entsandt und waren keine Berufsmilitärs.

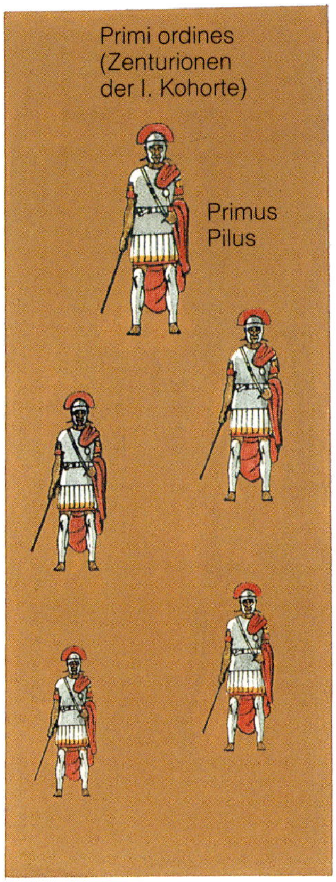

Beförderung

Maximus fing wahrscheinlich als Fußsoldat (miles) an, was auf seinem Grabstein allerdings nicht steht. Normalerweise diente ein Rekrut mehrere Jahre als Fußsoldat, bevor er zur Legionsreiterei versetzt wurde.

Die erste Beförderung eines miles war die zum immunis mit speziellen Obliegenheiten, z. B. denen eines Schreibers oder Schmieds. Er war nun frei vom gewöhnlichen Arbeitsdienst.

Ein immunis erhielt keinen höheren Sold als ein miles, aber ein Reitersoldat bekam eine Zulage, wahrscheinlich für den Unterhalt seines Pferdes.

Principales

Die erste wirkliche Beförderung war der Aufstieg in die Reihen der principales, von denen es zwei Gruppen gab, nämlich diejenigen mit 1 1/2fachem Sold (sesquiplicarii) und die mit doppeltem Sold (duplicarii). Erstere waren Unteroffiziere wie z. B. tesserarius und quaestor equitum. Zur zweiten Gruppe gehörten z. B. Feldzeichenträger (signiferi und vexillarii) und optiones. Die nächste Beförderung erfolgte zum Zenturio.

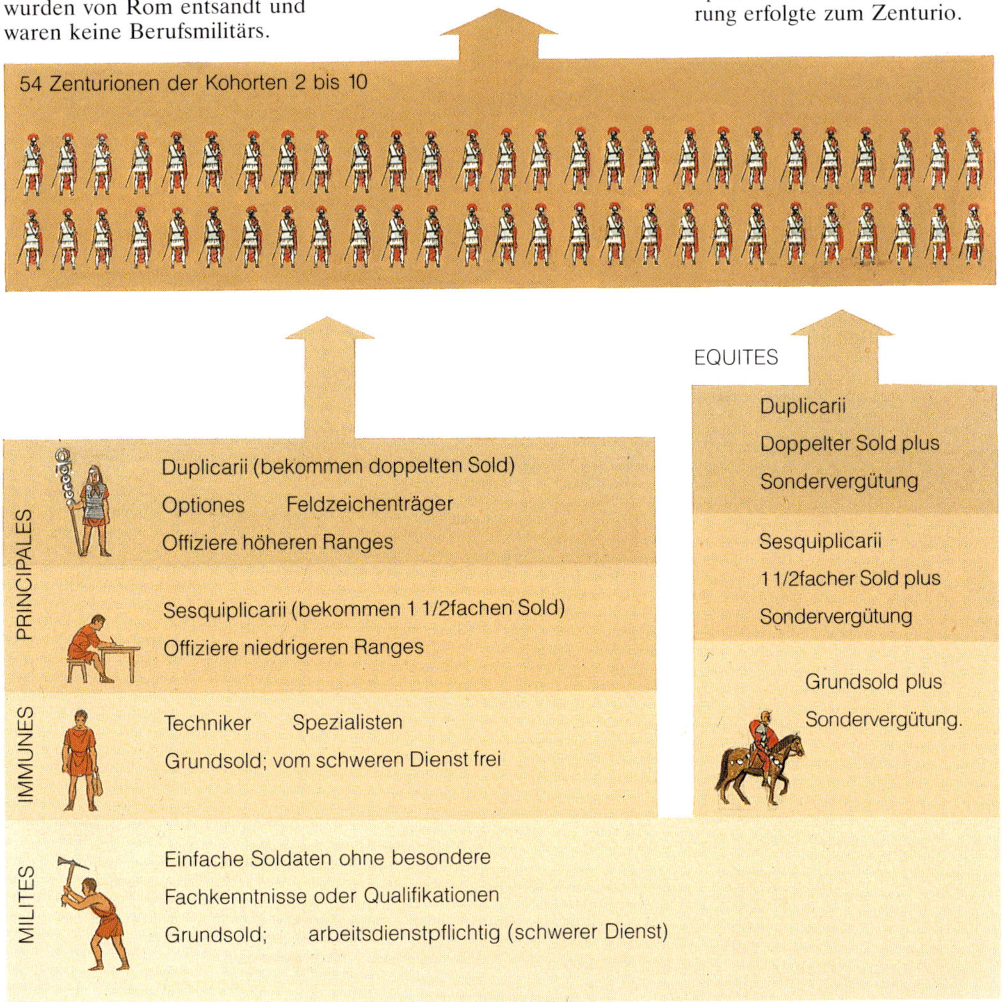

Tiberius Claudius Maximus

Ein römischer Reiter

Der Mann, der einen König zur Strecke brachte

1965 wurde in einem Feld im Norden Griechenlands der Grabstein eines römischen Soldaten gefunden. Die einzigartige Inschrift darauf berichtet von der Laufbahn des Tiberius Claudius Maximus, der gegen Ende des 1. Jhs. n. Chr. etwa 15 Jahre lang in der Siebenten Legion an der Donau diente. Maximus wurde sodann Kavallerieoffizier unter Trajan, dem letzten der großen römischen Eroberer.

Maximus wurde plötzlich berühmt, als er am Ende der Dakerkriege Trajans den dakischen König Decebalus stellte. Diese Heldentat ist sehr detailliert im Bildschmuck der riesigen Säule festgehalten, die Trajan sich in Rom als Siegesdenkmal errichten ließ. Leider sind die schriftlichen Berichte über Trajans Feldzüge, darunter auch das Tagebuch des Kaisers, im Mittelalter verlorengegangen, und mit ihnen verschwand der Name des Tiberius Claudius Maximus.

Die großartigen Reliefbänder der Trajanssäule schildern die Hauptereignisse der Feldzüge Trajans gegen die Daker, die jenseits der Donau ansässig waren. Es wird ein anschauliches Bild von einer römischen Armee auf dem Kriegszug vermittelt. Wir sehen Soldaten marschieren, kämpfen, Lager bauen, wir sehen die leichte und schwere Reiterei, die Bogenschützen, die Schleuderer – alles genau dargestellt. Aber es ist wie ein Film ohne Ton, denn da uns die direkten Geschichtsquellen fehlen, wissen wir nicht, um welche Ereignisse es im einzelnen geht.

Auf besagtem Grabstein sind alle Positionen verzeichnet, die Tiberius Claudius Maximus als Soldat innegehabt hat. Anhand dieser Informationen, der Bilder der Trajanssäule und einer Fülle von archäologischem Material hat der Verfasser das Leben des Maximus in zwei Büchern rekonstruiert. Das vorliegende Buch erzählt von Tiberius Claudius Maximus bei der Kavallerie.

RECHTS: Szene von der Trajanssäule. Tiberius Claudius Maximus will den Dakerkönig Decebalus daran hindern, daß er sich die Kehle durchschneidet.

Trajan

Frühjahr 101 n. Chr. An der römischen Donaugrenze gärte und brodelte es. Auf den rasch instandgesetzten Straßen marschierten die in das Gebiet kommandierten Truppen. Nachschub für das große Heer, das sich sammelte, kam vom Schwarzen Meer in donauaufwärts geschleppten Lastkähnen. Längs des Südufers des großen Flusses standen viele neuerrichtete Wachttürme und Kastelle. Dort wachten Hilfstruppen Tag und Nacht, für den Fall, daß die Dakerstämme am anderen Ufer zu einem Überraschungsangriff ansetzten. Der Name Trajan war in aller Munde, denn neueste Meldungen besagten, daß sich der Kaiser auf dem Wege nach Norden befand.

Kaiser Trajan war bei den Soldaten sehr beliebt. Den größten Teil seines Lebens hatte er in der Armee verbracht. Nach langjähriger Tätigkeit als Militärtribun in Syrien wurde er Legionskommandeur in Spanien und später Statthalter von Obergermanien (Germania superior).

Vor seinem offiziellen Amtsantritt in Rom 99 n. Chr. hatte sich Trajan mehrere Monate lang in den Donauprovinzen aufgehalten. Er plante damals bereits einen Feldzug gegen die Daker und befaßte sich mit den Problemen der Versorgung einer großen Armee. Nachschub für die römischen Truppen am Mittellauf der Donau ließ sich am leichtesten vom Schwarzen Meer heranschaffen, allerdings mußten dazu die Kähne durch die Djerdap-Enge gezogen werden, wo die Legionen einen Treidelpfad aus Holz gebaut hatten. Diese Holzkonstruktion wurde immer wieder durch Hochwasser der Donau beschädigt, und so kam bisweilen monatelang kein Nachschub durch. Trajan ließ den Treidelweg erneuern und einen Kanal bauen, der den schwierigsten Schluchtabschnitt umging.

Wahrscheinlich hat Trajan in dieser Zeit, als er im Donauraum weilte, Maximus zur Zweiten Pannonischen Reiterabteilung (ala II Pannoniorum) versetzt, die in Lederata stationiert war, ca. 15 km östlich von Viminacium, dem Legionslager der Siebenten Legion. Maximus wurde duplicarius, einer der drei Führer einer 30 Mann starken Reiterabteilung (turma).

Wachttürme

Unten an der Trajanssäule sind eine Reihe Wachttürme dargestellt, die die Donau überblikken. Die anscheinend aus Stein gebauten Türme haben in Höhe des zweiten Stockwerks eine Galerie, von der aus bei Nacht mittels Fackeln Feuersignale an der Donau entlang gegeben werden konnten. Am Tage signalisierte man mit Rauch. Es sind an den römischen Grenzen viele solche Wachttürme ausgegraben worden. Die meisten haben im unteren Teil Steinwände und im ersten Geschoß eine Tür. Der Oberbau bestand wahrscheinlich aus Flechtwerk, war verputzt und bisweilen so bemalt, daß der Anschein einer Steinfläche entstand.

LINKS: Diese Szene von der Trajanssäule zeigt Wachttürme an der Donau. Das Stroh (links) wurde für Rauchsignale verwendet. Die meisten Türme und Kastelle an diesem Donauabschnitt scheinen kurz vor Trajans Dakerkriegen errichtet worden zu sein.

UNTEN: Legionäre bauen einen die Donau überblickenden Wachtturm. Rechts am Fluß ist der Treidelpfad zu sehen.

Ausbildung für den Krieg

Maximus war vermutlich einer von vielen jüngeren Offizieren der Legionsreiterei, die Trajan zur Kavallerie der Hilfstruppen versetzte. Die Zweite Pannonische Reiterabteilung war an die Donau kommandiert worden, als die Dakerkriege begannen.

Als Stellvertreter des Kommandeurs seiner Reiterabteilung übernahm Maximus wahrscheinlich die Schulung der dreißig Reitersoldaten. Gewiß erinnerte er sich in dieser Zeit an die schrecklichen vier Monate seiner eigenen Grundausbildung vor etlichen Jahren. Aber jetzt lag der Fall genau umgekehrt – jetzt war er derjenige, der brüllte und zuschlug. Er wird seine Leute erbarmungslos gedrillt haben, und mutmaßlich haßten die ihn genauso, wie er seinen alten Zenturio gehaßt hatte. Vom Morgengrauen bis zur Abenddämmerung hetzte er sie beim Reit- oder Lauftraining auf dem Exerzierfeld herum. Tag für Tag umkreisten sie die Ziele und griffen sie an, bis sie ihre Wurfspieße aus jedem denkbaren Winkel sicher ins Ziel brachten. Wieder und wieder mußten sie den Sprung in den Sattel mit voller Bewaffnung und von jeder Seite des Pferdes aus üben, damit sie lernten, wie man nach einem Sturz vom Pferd in der Schlacht schnell wieder aufsaß. Ein geschulter Reitersoldat brachte das sogar zustande, wenn das Pferd in Bewegung war.

Maximus führte seine Leute auf langen Übungsmärschen in die Berge und trainierte mit ihnen Attacke bergauf und bergab (besonders bergab ist für ein Pferd sehr schwierig). Er zwang seine Reiter, mit ihren Pferden die Donau zu durchschwimmen. Ein an der Donau dienender Reitersoldat behauptete, er habe das in voller Rüstung geschafft, und gleich anschließend sei ihm etwas gelungen, was ihn als eine Art frühen Wilhelm Tell erscheinen läßt: Er schoß einen Pfeil ab und traf diesen, bevor er zu Boden fiel, mit einem zweiten Pfeil. Bei Schlechtwetter ließ Maximus seine Männer in der überdachten Exerzierhalle gegenüber der Kommandantur auf einem Holzpferd üben. Als Trajan zurückkehrte, stand ihm eine erstklassige Reiterabteilung zur Verfügung.

UNTEN: Die Abbildung zeigt die 30 Reiter und 3 Offiziere einer turma.
D duplicarius
S sesquiplicarius
Darunter eine aus 16 turmae bestehende ala quingenaria mit ihrem Standartenträger (vexillarius) und ihrem Befehlshaber (Präfekt).

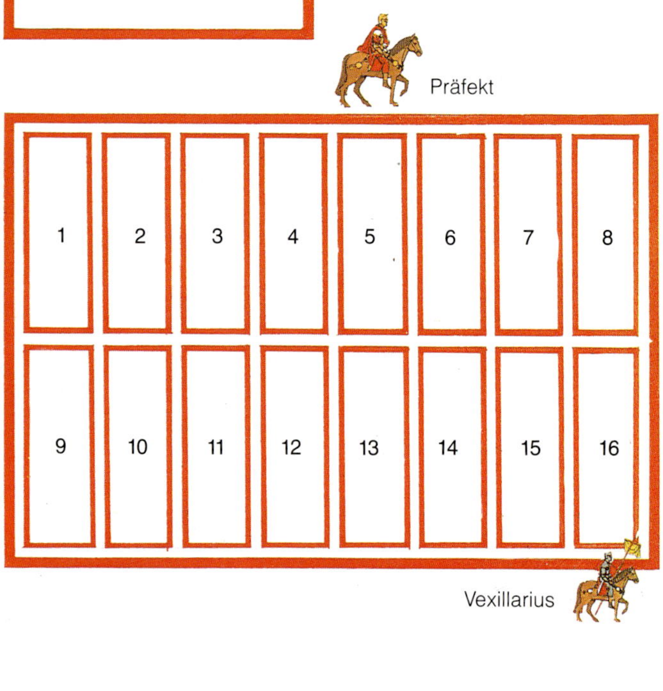

Kavallerieeinheiten

Bei der römischen Hilfstruppenkavallerie gab es drei Arten von Einheiten.
1. *Ala quingenaria.* Sie zählte nominell 500 Mann, in Wirklichkeit hatte sie 512 Mann.
2. *Ala milliaria.* Sie zählte nominell 1000 Mann, in Wirklichkeit hatte sie nur 768 Mann.
3. *Cohors equitata.* Sie bestand ungefähr zu drei Vierteln aus leichter Infanterie und zu einem Viertel aus Kavallerie und war der Kampfverband der leichtbewaffneten nordafrikanischen Truppen, die Trajan einsetzte. Diese Einheiten konnten entweder quingenariae oder milliariae sein.

Die Iststärke einer cohors quingenaria equitata belief sich auf 480 Infanteristen und 128 Reiter, die einer cohors milliaria equitata auf 800 Infanteristen und 256 Reiter.

Ala II Pannoniorum

Maximus' Einheit war eine ala quingenaria zu 16 turmae. Jede turma umfaßte 30 Reiter sowie drei Führer – einen decurio, der die ganze turma kommandierte, und seine zwei Stellvertreter. Letztere waren ein duplicarius (mit doppeltem Sold) und ein sesquiplicarius (1 1/2facher Sold). Jede turma hatte einen Feldzeichenträger (signifer).

Die ala hatte ihren eigenen Standartenträger (vexillarius); er trug eine Fahne mit dem Namen der ala darauf. Kommandiert wurde die ala von einem Präfekten aus dem Ritterstand, Roms vermögender oberer Mittelschicht.

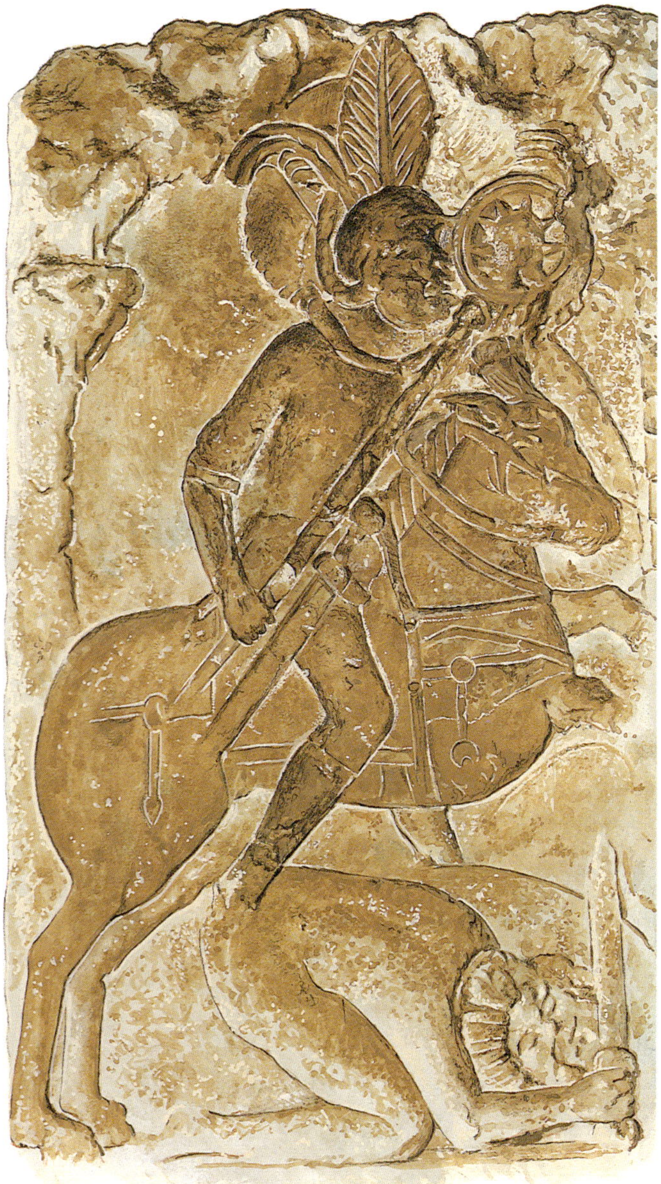

OBEN: Der berühmte Kavallerie-signifer von Hexham in der Nähe des Hadrianwalls. Er ist der Feldzeichenträger einer turma und trägt ein signum.

UNTEN: Eine andere Art signum. Von einem Grabstein aus Deutschland.

Ein Reiter übt am Holzpferd den Sprung in den Sattel.

Trainingsmethoden

Unsere Informationen über das römische Kavallerietraining stammen hauptsächlich von dem römischen Feldherrn Arrianus, der zu dem Thema weniger als 20 Jahre nach Trajans Tod ein Handbuch schrieb.

Meist wurde auf dem Exerzierfeld geübt. Hier lernten die Reiter das Aufsitzen in voller Rüstung, das Galoppieren in geschlossener Ordnung und den Gebrauch ihrer Waffen.

Das Exerzierfeld lag gewöhnlich gleich in unmittelbarer Nähe des Kastells. An einer Seite stand ein hohes Podium, das Tribunal, auf dem die Offiziere zuschauen konnten. Das Tribunal diente zudem als Markierungszeichen und spielte eine wichtige Rolle sowohl beim Training als auch bei Vorführungen.

Aufsitzen und absitzen

Die alten Schriftsteller heben stark hervor, daß die Reiter trainieren mußten, in den Sattel zu springen; Steigbügel waren nämlich noch unbekannt. Zunächst wurde an einem Holzpferd geübt, und zwar ohne Rüstung und Waffen. Trotz der hervorstehenden vier Sattelknäufe ist es nicht sehr schwierig, der Autor hat es selbst probiert. Wesentlich schwieriger ist das Aufspringen in schiefen Winkeln, von den Seiten und in Rüstung. Riskant wird es am lebendigen Pferd, das vielleicht nicht ruhig steht. Arrianus behauptet, daß ein gut geschulter Reiter mit voller Ausrüstung in den Sattel eines im leichten Galopp gehenden Pferdes springen könne.

Ein römischer Reiter mußte auch mit dem Speer oder dem Schwert in der Hand absitzen können. Er schwang ein Bein über den Widerrist des Pferdes und rutschte seitlich runter. Dies konnte problematisch werden, da es möglich war, daß der Reiter mit seinem Kettenpanzer an den Sattelknäufen hängen blieb und dann seitlich am Pferd baumelte.

Waffentraining

Links vom Tribunal wurden Ziele aufgestellt. Die Reiter ritten auf einer Kreislinie und schleuderten einen Wurfspieß, wenn sie in die Gerade einbogen, einen zweiten, sobald sie auf gleiche Höhe mit dem Tribunal kamen, und einen dritten beim Abschwenken.

Die Reiter lernten auch, ihre Schwerter zu gebrauchen, sie lernten, den Feind nicht nur zu verfolgen und dabei ständig Schläge gegen ihn zu führen, sondern auch, sich vom Pferd herabzubeugen und einen gestürzten Feind mit dem Schwert zu treffen.

Im Gelände

Regelmäßig machte die Kavallerie Übungsritte im Gelände. Die Reiter trainierten wechselweise Verfolgung und Rückzug. In zerklüftetem Land lernten sie, mit dem Pferd über Gräben und Hecken zu springen sowie bergauf und bergab zu galoppieren, was anfangs auf weichem Boden geübt wurde, damit die Pferde keine Verletzungen davontrugen.

Trajans Armee

Trajan standen etwa 60 000 Mann zur Verfügung, als er 101 n. Chr. in Dakien einfiel. Ungefähr zur Hälfte waren es Legionäre. Das ist aus archäologischem Material zu schließen, das uns mehr über Roms Hilfstruppen sagt als über die Legionen. Die kurzfristige Anwesenheit einer Legion läßt sich nur aus Dingen wie Inschriften, Grabsteinen, Dachziegeln mit Stempel und verlorenen Ausrüstungsgegenständen ermitteln. Damals scheinen 11 Legionen an der Donau gewesen zu sein, doch sind nur wenige mit Sicherheit zu plazieren. Eine davon ist die Legion VII Claudia in Viminacium.

Die Legionen

Die elf Legionen können zwischen Wien und dem Schwarzen Meer plaziert werden. I Italica und V Macedonica befanden sich an der unteren Donau. Fünf Legionen – I und II Adiutrix, IIII Flavia, VII Claudia und XIII Gemina – waren auf den 100 km zwischen Belgrad und der Djerdap-Enge zusammengezogen. Weitere vier Legionen – X Gemina, XI Claudia, XIIII Gemina und XV Apollinaris – lagen zwischen Belgrad und Wien. X Gemina und XI Claudia, aus Germanien herkommandiert, sind vielleicht nicht vor 102 n. Chr. eingetroffen.

Abmarsch des großen Heeres

Eine gewaltige Streitmacht war in der Provinz Obermösien zusammengezogen worden. Es standen in dem Gebiet nunmehr fünf Legionen und dazu Abteilungen von Legionen, die im angrenzenden Pannonien blieben. Für eine zweite Invasion hielten sich weiter stromabwärts noch zwei Legionen bereit, die Armee Untermösiens.

Ähnlich sah es bei den Hilfstruppen aus. Zwei Militärdiplome (siehe oben rechts) zeigen, daß die Hilfstruppen in Obermösien zwischen 93 und 100 n. Chr. zumindest verdoppelt worden waren. In der Provinz gab es nun 21 Kohorten. In den Nachbarprovinzen Pannonien und Untermösien hatte man die Hilfstruppenzahl ebenso erhöht. Über 70 Kohorten würde Trajan in Marsch setzen können.

Auch Kavallerie war in das Gebiet gekommen. Maximus' Zweite Pannonische Reiterabteilung war nur eines von 24 Regimentern, die Trajan aufgeboten hatte. Dem neuen Kaiser standen Reitersoldaten verschiedenen Typs zur Verfügung – schwergepanzerte Sarmaten von jenseits der Donau ebenso wie gänzlich ungepanzerte Nordafrikaner, die ohne Sattel und Zaumzeug ritten und leichte Wurfspieße führten. Reiter beider Typen zeigt die Trajanssäule.

Der Kaiser, begleitet von seiner Prätorianergarde, muß bis Mai eingetroffen sein. Standort seines Hauptquartiers wurde Viminacium, das die südwestlichen Anmarschwege nach Dakien beherrschte. Es war wahrscheinlich die günstigste Stelle für einen Brückenschlag über die Donau. Gleich nach dem Zurückgehen des Frühjahrshochwassers hatten die Legionäre zwei Schiffsbrücken geschlagen, damit die Armee Anfang Juni marschieren konnte, wenn auf den Feldern reichlich Futter für die Pferde heranreifte.

Maximus und seine Einheit, zu Erkundungsaufgaben abkommandiert, werden unter den ersten gewesen sein, die die Donau überschritten. Sie ritten zu zweit nebeneinander, die Feldzeichen in die Höhe gehalten. Ihre Helme gleißten in der frühmorgendlichen Sonne. So zogen sie vor dem Kaiser vorbei. Dann machten sie sich auf die Suche nach dem Feind.

Militärdiplome

Nach 25 Dienstjahren wurde einem Hilfstruppensoldaten (einem Nichtrömer, der als Berufssoldat in der römischen Armee diente) in der Regel das römische Bürgerrecht verliehen. Dies war auf zwei kleinen Bronzetafeln angegeben, die der ausgediente Soldat erhielt (siehe S. 24). Diese Militärdiplome nennen die Einheit des Soldaten und oft auch andere, in dem Gebiet befindliche Einheiten, sowie das Datum. Da man Hunderte solcher Urkunden gefunden hat, konnten Gelehrte herauskriegen, welche Hilfseinheiten zu einer bestimmten Zeit in einem bestimmten Gebiet operierten.

Die Kavallerie

Man weiß, daß damals 24 Kavallerieeinheiten, bestehend aus ca. 17 000 Mann, in dem Gebiet waren. Sie umfaßten schwerbewaffnete und leichtbewaffnete Reiter sowie berittene Bogenschützen. Sie kamen von weit her, z. B. aus Syrien und aus Britannien. Maximus' Einheit, Ala II Pannoniorum, war in Syrien gewesen. Etwa zehn Jahre zuvor war sie an die Donau kommandiert worden. Die Trajanssäule zeigt leichtbewaffnete nordafrikanische Reiter, die ohne Sattel und Zaumzeug ritten, sowie schwere sarmatische Kavallerie mit gepanzerten Reitern und gepanzerten Pferden.

Hilfstruppeninfanterie

Es ist bekannt, daß sich über 70 Hilfskohorten zur Zeit der Feldzüge Trajans in diesem Gebiet befanden. Über 3/4 davon waren ca. 480 Mann stark (quingenariae), die übrigen waren ca. 800 Mann stark (milliariae). Das ergibt insgesamt etwa 40 000 Mann.

Die Hälfte der Einheiten waren equitatae, gemischte Kohorten mit 25 % Reiterei. Neun Kohorten bestanden aus Bogenschützen. Maximal würde Trajan ungefähr 36 000 Hilfstruppeninfanteristen zur Verfügung gehabt haben, doch sicherlich wurden einige davon als Bemannung der Kastelle zurückgelassen.

OBEN: Bronzene Trompete mit umgebogenem Schallstück. Aus dem Rhein bei Düsseldorf. Es könnte sich um den lituus genannten Typ der römischen Reitertrompete handeln.

UNTEN: Die Karte zeigt die Mitte und den Osten des Römischen Reiches, wo Trajan Krieg führte.

Erkundung

Auf dem Grabstein steht, daß Maximus im dakischen Krieg Kundschafter war (explorator; siehe S. 25). Vermutlich war Maximus' ganze turma zum Aufklärungsdienst abkommandiert.

Ein Kundschafter oder Aufklärer hatte die Lage beim Feind zu sondieren und die Bewegungen des Feindes zu melden. Dazu bedurfte es außergewöhnlicher Fähigkeiten. Wer bei den Römern als Kundschafter ausgewählt wurde, gehörte zu den „loyalsten und intelligentesten Soldaten mit den am besten ausgebildeten Pferden".

Rückkehr nach Tapae

Die große Armee bewegte sich auf der vor dreizehn Jahren erprobten Route nach Norden. Die Daker müssen zurückgewichen sein und werden dabei die Ernte auf dem Halm in Brand gesteckt haben, um zu verhindern, daß sich die feindliche Armee aus dem Land verproviantierte.

Maximus und die übrigen Kundschafter ritten weit vor der Hauptmasse des Heeres. Sie durchsuchten die Gegend nach Hinterhalten und folgten dem Feind. Oft stießen sie auf Grüppchen von Dakern, die wegen ihrer mit Gepäck beladenen Karren sowie ihrer Frauen und Kinder zu langsam vorankamen. Einige dieser Daker wurden zum Verhör zur Armee geschafft, aber die meisten machten die römischen Reiter rücksichtslos nieder.

Sobald Trajan die Ebene beherrschte, wandte er sich nach Osten und marschierte in die Ausläufer der Karpaten. Decebalus wich vor ihm zurück, bis er Tapae erreichte, wo vor zwölf Jahren die Schlacht stattgefunden hatte. Er ließ seine Armee so Aufstellung nehmen, daß sie zum Teil zwischen den dicht stehenden Buchen an den Abhängen verborgen war. Decebalus erwartete die Ankunft der Römer.

Die Kundschafter, die Decebalus auf den Fersen folgten, verständigten Trajan von der Lage. Maximus wird die Örtlichkeit in guter Erinnerung gehabt haben, denn bei Tapae hatte er sich ja die torques und Armspangen verdient, die seine Schultern und Handgelenke schmückten.

Trajan erschien mit dem Gros des Heeres und bot die Schlacht an, doch Decebalus kam nicht von den Berglehnen herab. Der Dakerkönig war jetzt älter und klüger. Vor zwölf Jahren hatte er gegen die Legionen in deckungslosem Gelände gekämpft, und er hatte verloren; er konnte sich zwar in Ehren zurückziehen, aber viele seiner Besten waren gefallen oder in Gefangenschaft geraten. Diesmal wollte er seinen Vorteil ausnützen. Wenn die Römer versuchten, den Paß zu erstürmen, würde Decebalus sie sofort von drei Seiten zugleich angreifen. Trajan sah das sehr wohl, entschied sich aber trotzdem für einen Durchbruchsversuch. Er schickte die Hilfstruppen vor und behielt seine Legionen zunächst als Reserve zurück.

Auf dem Marsch

Nach Arrianus ritten die Reiter zu zweit nebeneinander. Doch im gleichen Passus sagt Arrianus, daß die Legionäre zu viert nebeneinander marschierten. Der jüdische Geschichtsschreiber Josephus behauptet, die Legionäre seien zu sechst nebeneinander marschiert. Die Breite der Kolonne muß sich nach der Breite der Straße gerichtet haben. Folglich mögen die Reiter auf einer breiten Straße zu dritt nebeneinander geritten sein. Hier sei darauf hingewiesen, daß die römischen Kavalleriepferde unbeschlagen waren (siehe S. 31); sie werden also Schotterstraßen möglichst gemieden haben.

RECHTS: Diese Szene von der Trajanssäule zeigt die römische Reiterei, die ins Gefecht zieht.

UNTEN: Eine römische turma fällt über eine Gruppe von Versprengten der dakischen Armee her. Die Daker praktizierten wahrscheinlich eine Politik der verbrannten Erde, das heißt, auf dem Rückzug äscherten sie die Felder ein. Wenn das der Fall war, werden sie ihre Frauen und Kinder mitgenommen haben. Die römische Reiterei dürfte sie allesamt niedergemacht haben – ein terroristisches Vorgehen, das den Mut des Gegners brechen sollte.

Schwere Verluste

Mit lautem Kriegsgeschrei stürmten die Hilfstruppen bergan. Wegen der dichten Bewaldung war nicht zu erkennen, welche Seite überlegen war. Ab und zu tauchte ein römischer Soldat auf und schwenkte einen abgehauenen Kopf, um dem Kaiser zu zeigen, wie gut man seine Sache machte. Bei den Römern gab es dermaßen viele Verwundete, daß den Sanitätern die Binden ausgingen, und Trajan, stets auf das Wohl seiner Soldaten bedacht, zerriß seinen Umhang in Streifen für Verbände.

Ein Gewitter kam. Es donnerte, als ob Gott Jupiter selbst in die Schlacht eingreifen wollte. Und dann begann es zu gießen. Der Wolkenbruch muß die Berglehnen in ein Schlammbad verwandelt haben, und die bergauf kämpfenden römischen Truppen waren gezwungen, sich zurückzuziehen. Kein Zweifel, Decebalus behauptete das Feld. Die Hilfstruppen hatten sich tapfer geschlagen, doch Trajan wußte, daß der Versuch, ins dakische Hochland durchzubrechen, zuviele Opfer an Menschenleben fordern würde. Er brannte alles in der Gegend nieder und kehrte an die Donau zurück.

Decebalus, stolz auf seinen Erfolg, schlug im Winter zurück. Er vereinigte sich mit den Sarmaten, die an der Schwarzmeerküste lebten, und griff am Unterlauf der Donau an. Es war eine Kavallerieattacke; sie überraschte die Römer wie ein Blitz aus heiterem Himmel. Trajan weilte wahrscheinlich in Viminacium, als ihm das Geschehen gemeldet wurde. Mit der Donauflotte ließ er ein Entsatzheer stromabwärts bringen. Dies ist an der Trajanssäule dargestellt, wo wir Reiter sehen, die ihre Ausrüstung in einen Schleppkahn verladen, während ihre Pferde in einem anderen Kahn flußabwärts transportiert werden.

An der Trajanssäule stellt es sich so dar, daß die römische Reiterei die Sarmaten vertrieb. Es ist aber durchaus denkbar, daß die Sarmaten schon abgezogen waren, bevor das Hilfsheer eintraf. Decebalus wollte Trajan einfach beweisen, daß er zurückzuschlagen vermochte. Wenn er glaubte, dies werde den Kaiser abschrecken, war er im Irrtum.

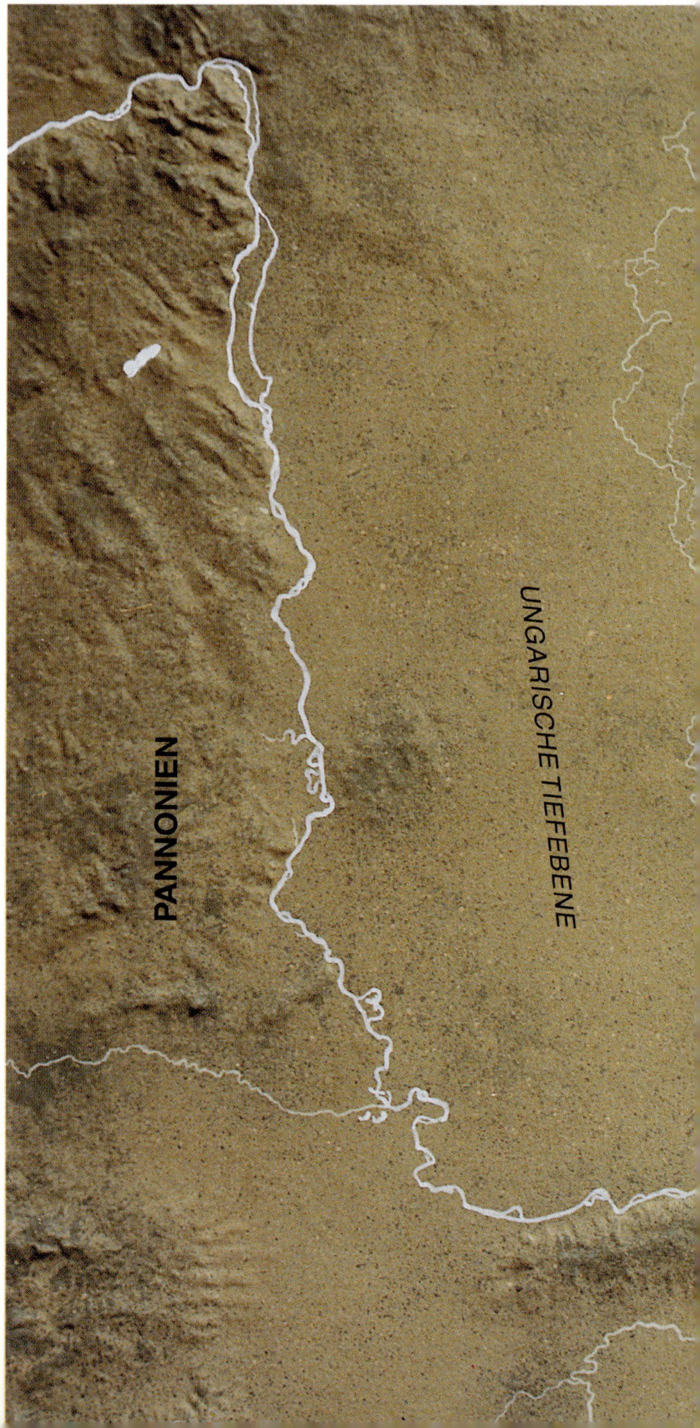

LINKS: Szene von der Trajanssäule – Trajan spricht zu seinen Hilfstruppen.

RECHTS: Szene von der Trajanssäule – Trajan überwacht die Einschiffung seiner Reiter, die die Donau hinabfahren und die eingedrungenen Daker zurückwerfen sollen.

UNTEN: Modell Südwestdakiens und der Ungarischen Tiefebene. Das Dakerreich erstreckte sich im Westen bis zu dem Fluß Theiß.

Durch puren Zufall ist ein Fragment aus Trajans Kriegstagebuch erhalten, nämlich als ein Beispiel für lateinische Grammatik in einem mittelalterlichen Lehrbuch. Es sagt uns, daß Trajan über Berzobis und Aizizis vorstieß.

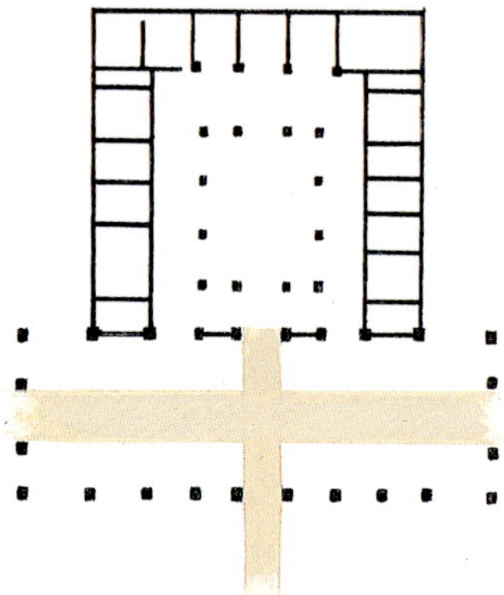

OBEN: Plan der Kommandantur (principia) in dem cohors-equitata-Kastell von Künzing an der oberen Donau. Vor dem Gebäude befindet sich eine überdachte Exerzierhalle.

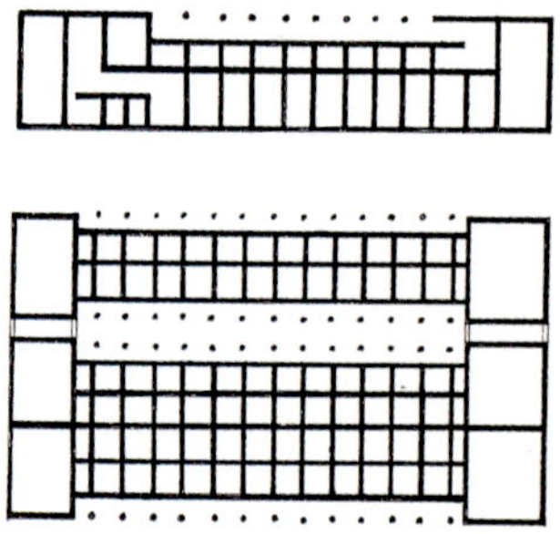

OBEN: 1. Plan einer typischen Doppelender-Kaserne in Oberstimm (Bayern). 2. Eine große Kaserne in dem ala-milliaria-Kastell in Heidenheim (Baden-Württemberg). In diesem dreiteiligen Kasernenblock waren wahrscheinlich sechs turmae untergebracht.

Decebalus streckt die Waffen

Im darauffolgenden Frühjahr überschritt Trajan die Donau. Doch diesmal scheint er an zwei Fronten vorgestoßen zu sein, wobei er die zwei Legionen aus Untermösien von Südosten her angreifen ließ. Decebalus mußte seine Kräfte aufteilen, und die Römer brachen in das zentrale Hochland ein. Der Dakerkönig bat um Frieden, fand aber Trajans Bedingungen zu hart und beschloß, weiterzukämpfen.

Trajan belagerte mehrere Bergfestungen, die die Wege zu der dakischen Hauptstadt Sarmizegethusa schützten. Decebalus gab nicht nach, denn er hielt seine Bergfestungen für uneinnehmbar. Gewiß, sie waren besser gebaut als die keltischen befestigten Siedlungen, aber der dakische König unterschätzte, wie so viele vor ihm es getan hatten, die überwältigende Überlegenheit der römischen Belagerungstaktik.

Decebalus blieb jedenfalls zuversichtlich. Selbst Meldungen, daß die Römer riesige Rampen aus Holz und Schutt errichteten, die Tag für Tag höher wurden, konnten Decebalus zu keinem Eingeständnis seiner Unterlegenheit bewegen. Erst als die Römer die Belagerungstürme an die Befestigungsanlagen heranführten und diese mit Katapulten bombardierten, wurde es Decebalus mulmig. Eine Bergfestung nach der anderen fiel, und bald war der Weg nach Sarmizegethusa frei. Nun begriff Decebalus, daß seine Lage aussichtslos war, und ergab sich.

Trajan erlegte ihm keine grausamen Bedingungen auf. Decebalus durfte das Hochland behalten, aber die Römer rissen die Festungen nieder und bestanden darauf, Sarmizegethusa mit einer Garnison zu belegen.

Der Krieg war zu Ende, die Truppen marschierten zu ihren Stützpunkten an der Donau zurück. Wir wissen nicht, wieviele Einheiten in Dakien blieben, geschweige denn, welche. Sicherlich begab sich die Masse der Siebenten Legion wieder nach Viminacium. Es ist anzunehmen, daß sich die Zweite Pannonische Reiterabteilung in ihr Kastell in Lederata zurückzog, wo sie den Eingang der Djerdap-Enge bewachen konnte.

Kavalleriekastelle

Römische Kastelle hatten einen kreuzförmigen Grundriß. Die beiden Hauptstraßen unterteilten das Kastell in Viertel; die Kommandantur befand sich am Schnittpunkt der Straßen.

Kavalleriekastelle waren ebenso angelegt, wiesen jedoch einige Besonderheiten auf, z. B. Ställe und Doppelender-Kasernenblöcke. Diese Kasernen sollten möglicherweise zwei turmae als Quartier dienen und mußten daher Unterkünfte für zwei decuriones haben (an jedem Ende eine).

Auch hatte dieser Kastelltyp eine überdachte Exerzierhalle gegenüber der Kommandantur.

RECHTS: Szene von der Trajanssäule. Legionäre bauen ein Holzkastell, ein Reitersoldat bringt einen dakischen Gefangenen zum Verhör herbei.

UNTEN: Hypothetische Zeichnung eines Kavalleriekastells in Holzbauweise mit der Zivilsiedlung davor.

- A Kommandantur (principia), ihr gegenüber die überdachte Exerzierhalle.
- B Kasernenblöcke
- C Haus des Befehlshabers (praetorium)
- D Verpflegungsmagazine
- E Badehaus
- F Exerzierfeld
- S Ställe
- BS Kaserne mit Ställen

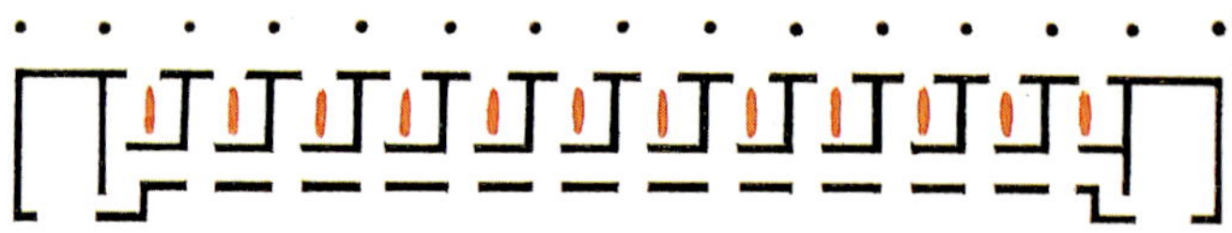

OBEN: Rekonstruierter Plan eines Stalls in Gelduba (Krefeld-Gellep).

UNTEN: Paarweise angeordnete Kasernenräume und Ställe mit Sickergruben (orange), aufgedeckt in Dormagen (Nordrhein-Westfalen).

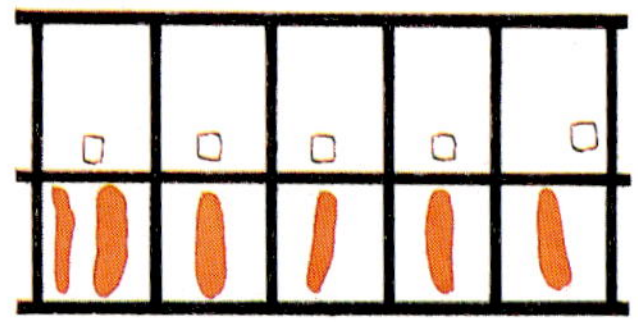

UNTEN: Rekonstruktion einer Kaserne mit Ställen, aufgedeckt in Oberstimm (Bayern). Die Kavallerie schulte ständig Remonten (junge Pferde), um alte, kranke oder verletzte Tiere zu ersetzen. Es war nie genug Platz in einem Kastell, um alle 800 oder mehr Pferde einer 500 Mann starken Kavallerieeinheit im Stall zu halten. Die meisten Pferde wird man das ganze Jahr über im Freien gelassen haben.

Die Heimkehr

Man kann sich die Heimkehr der Zweiten Pannonischen Reiterabteilung nach ihrem erfolgreichen Feldzug gut vorstellen. An der Spitze ritten der Präfekt und der Feldzeichenträger. Es folgten die Reiter zu zweit nebeneinander. Jede turma (Reiterabteilung) wurde von ihrem decurio und signifer angeführt. Der signifer trug das Feldzeichen seiner Einheit. Maximus als duplicarius bildete die Nachhut seiner turma.

An der Straße zu den Toren des Kastells standen die Bewohner des Lagerdorfes und jubelten den siegreichen Helden zu. Die Frauen werden nach ihren Liebsten in den Reihen der Heimkehrenden ausgespäht haben, und die Kinder nach ihren Vätern. Es bestand zwar Heiratsverbot, doch waren viele der Soldaten mit Frauen am Ort fest liiert und hatten Kinder von ihnen.

Als die Reiter sich den Toren näherten, senkten sie die Speere, damit sie nicht gegen den Wehrgang stießen. Die Wachen in den zwei Holztürmen, die die Tore flankierten, riefen Willkommensgrüße, wenn sie alte Freunde unten vorbeiziehen sahen. Die Reiter ritten auf der Hauptstraße weiter zur Kommandantur und warfen wohl auch einen Blick auf die vertrauten verputzten Kasernen zu beiden Seiten der Straße. Vor der Kommandantur, unter dem riesigen Schutzdach über der Straße, nahmen die turmae Aufstellung. Der Präfekt beglückwünschte sie zu ihrem Erfolg, dann durften sie wegtreten. Diejenigen Reiter, die anschließend dienstlich zu tun hatten, führten ihre Pferde in die Ställe, wo die Tiere von Stallburschen gestriegelt wurden. Die anderen brachten ihre Pferde auf die Koppeln am Kastell. Im allgemeinen verfügte ein Kavalleriekastell über 4–5 km^2 Weideland.

Es war in Wirklichkeit kein Krieg der Kavallerie gewesen, und Maximus erhielt keine Auszeichnung. Dekoriert wurden vor allem die Legionäre, die die Festungen belagert hatten, und die Hilfstruppeninfanteristen, die bei Tapae so tapfer gewesen waren.

Ställe

Ställe sind schwer zu identifizieren. Die langen, schmalen Gebäude ohne Innenmauern, die man in mehreren römischen Kastellen gefunden hat, könnten sehr gut Ställe sein, aber wir wissen nicht, wie sie innen aussahen.

Ähnliche Gebäude, unlängst in Deutschland ausgegraben, sind in Kammern mit flachen Gruben unterteilt. Es scheint fast sicher zu sein, daß es sich um Ställe mit Sickergruben handelt.

In der Größe variieren diese Ställe von etwas über 3 m² bis 3,5 × 4 m.

Wie viele Pferde?

Das römische Kavalleriepferd hatte die Körpermaße eines großen Ponys (siehe S. 31) und brauchte ca. 2 m Platz zum Umdrehen und 3 m für das Aufstehen (das mit den Vorderbeinen zuerst erfolgt). Die kleineren Ställe konnten zwei Pferde aufnehmen, die größeren drei.

Futter

Der Tagesbedarf eines großen Ponys beläuft sich bei Stallhaltung auf ca. 7–8 kg Futter (ca. 2/3 Heu, 1/3 Hafer; die Römer gaben Gerste statt Hafer). Auf dem Weidegang braucht ein großes Pony mindestens 4000 m² gute und bis zu 8000 m² dürftige Weide.

Die Eroberung von Sarmizegethusa

Der Friede währte nur etwas über zwei Jahre. 105 n. Chr. schwang Decebalus das Banner des Aufruhrs. Er kidnappte Longinus, den Befehlshaber der römischen Besatzungstruppen in Dakien, und hielt ihn als Geisel fest. Trajan eilte an die Donau, ging jedoch nicht sogleich gegen den Dakerkönig vor. Longinus war ein alter Freund Trajans, und der Kaiser wollte das Leben dieses Mannes nicht gefährden.

Des Glaubens, er habe Trajans schwache Seite entdeckt, versuchte der dakische König, dem Kaiser Zugeständnisse abzuringen. Trajan spielte auf Zeit, erörterte Friedensbedingungen, legte sich aber nicht fest. Der tapfere Longinus besaß die Selbstlosigkeit, sich zu töten, damit der Kaiser freie Hand habe.

Trajan überschritt mit seinen Truppen im folgenden Frühjahr die Donau, und zwar benutzte er die große Brükke, die in seiner Abwesenheit errichtet worden war. Diese Brücke, deren Oberbau, eine Holzkonstruktion, auf 20 massiven Steinpfeilern ruhte, war eines der vorzüglichsten Beispiele römischer Ingenieurskunst.

Diesmal führte Trajan nicht Krieg, sondern er schlug einen Aufstand nieder und rächte einen Freund. An mehreren Fronten brach er in das zentrale Hochland ein und unterdrückte rücksichtslos jeden Widerstand. Die dakischen Stammesoberhäupter ergaben sich, eines nach dem anderen; nach ihrer Meinung hatte Decebalus den Frieden gebrochen. Bis auf ein paar enge Freunde von allen verlassen, zog sich der Dakerkönig nach Sarmizegethusa zurück.

Die Römer rückten in den dicht bewaldeten Bergen vor und näherten sich der Festung von allen Seiten. Die Schnelligkeit ihres Vormarschs scheint die Daker mutlos gemacht zu haben. Binnen wenigen Tagen hatten die Römer die Mauern genommen und stürmten in die Stadt. Die verzweifelten Verteidiger steckten die Gebäude in Brand. Viele begingen Selbstmord. Decebalus entfloh mit einer Handvoll fanatischer Anhänger übers Gebirge. Es konnte keinen Frieden geben, solange Decebalus auf freiem Fuß war. Deshalb befahl Trajan der Kavallerie, den König aufzuspüren.

LINKS: Szene von der Trajanssäule. Diese große Brücke über die Donau ließ der Kaiser nach seinem ersten Krieg gegen die Daker bauen.

UNTEN: Trajans Donaubrücke im Bau.

Trajans Donaubrücke

Diese von dem Architekten Apollodoros konstruierte Brücke errichteten die Legionen dicht unterhalb der Djerdap-Enge. Heute sind nur noch die Pfeiler an den Ufern zu sehen; die Reste der 20 Strompfeiler, auf denen sich der Oberbau aus Holz erhob, befinden sich unter Wasser. Der römische Historiker Cassius Dio, der rund hundert Jahre nach Trajans Tod schrieb, gibt die Maße der Pfeiler mit 60 Fuß (18 m) Breite und 150 Fuß (45 m) Höhe an. Die Brücke war nicht lange in Benutzung. Dio sagt, zu seiner Zeit sei der Oberbau nicht mehr vorhanden gewesen – Hadrian habe ihn beseitigt, behauptet Dio.

Gesucht – tot oder lebendig

Decebalus wußte: Wenn ihn die Römer fingen, durfte er keine Gnade erwarten. Er entwich durch Transsilvanien nach Norden, denn es war ihm klar, daß er Zuflucht nur im Norden suchen konnte, außerhalb des römischen Einflußbereichs. Weil sein Gepäcktroß zu langsam vorankam, vergrub Decebalus seinen Schatz in einem Flußbett. Zweifellos hoffte er, eines Tages zurückkehren und mit dem Geld einen neuen Aufstand finanzieren zu können. Doch er hoffte es vergebens. Auf der Flucht ließ ihn einer seiner Freunde nach dem anderen im Stich.

Die Kavallerie schwärmte aus und durchsuchte jedes Bauerngehöft, jedes Dorf nach dem Dakerkönig. Den Reitern muß ihre Aufgabe in diesem bergigen, dicht bewaldeten Land schier unlösbar erschienen sein. Maximus hatte jahrelang auf Feldzügen und als Kundschafter in Dakien Erfahrungen gesammelt und war mutmaßlich einer der wenigen, denen es gelingen konnte, den flüchtigen König aufzustöbern. Irgendwie kamen Maximus und seine Reiter dem Decebalus auf die Spur und hetzten ihn nieder.

Decebalus wird alles mögliche versucht haben, um seine Verfolger abzuschütteln. Um nichts in der Welt wollte er den Römern lebendig in die Hände fallen, denn er wußte wohl, was ihm dann blühte: Man würde ihn in Rom im Triumphzug Trajans durch die Straßen schleppen und anschließend zeremoniös erdrosseln. Als er merkte, daß die römische Reiterei immer näher kam, stieg er von seinem Pferd und sagte den wenigen bei ihm gebliebenen Getreuen Lebewohl. Und als Maximus mit seinen Reitern zwischen den Bäumen auftauchte, zog Decebalus seinen krummen Dolch und schnitt sich die Kehle durch.

Maximus sah das Messer aufblitzen. Hastig langte er nach dem Arm des Königs. Doch es war zu spät. Inzwischen kamen die übrigen Reiter herbei. Sie wollten den leblosen Körper des Dakerkönigs verstümmeln. Maximus verhinderte es. Er zog sein langes Schwert und trennte dem Toten den Kopf vom Rumpf. Sorgfältig band er das Haar an den Riemen fest, die vorn von seinem Sattel herabführten, und saß wieder auf. Der Kopf gehörte Trajan.

GANZ LINKS: Die Eroberung von Sarmizegethusa. Szene von der Trajanssäule.

LINKS: In dieser Szene von der Trajanssäule sehen wir dakische Stammesfürsten, die sich Trajan ergeben.

RECHTS: Ein Siegeszeichen von der Trajanssäule. Solche Siegeszeichen wurden vom Sieger nach einer Schlacht errichtet. Es handelte sich im wesentlichen um einen Pfahl mit Querholz, woran man erbeutete Waffen aufhängte. Der Ursprung dieses sehr primitiven Brauchs ist wahrscheinlich in weit zurückliegender vorgeschichtlicher Zeit zu suchen.

UNTEN: Der Tod des Decebalus.

1 2 3

Für Tapferkeit und Pflichttreue

Maximus überbrachte Trajan den Kopf des Königs in Ranistorum, einem nicht identifizierten Ort im Norden Dakiens. Der Kaiser ließ die gesamte Armee antreten und zeigte ihr die blutige Trophäe, bevor er sie nach Rom sandte. Ein nobler Befehlshaber, belohnte Trajan seine Soldaten großzügig für treue Dienste. Maximus wurde vom Kaiser gebührend ausgezeichnet und zum decurio befördert. Gewiß feierten die Römer den Sieg mit Paraden und Reitvorführungen. Bei diesem farbenfrohen Schauspiel konnten die Männer in prächtiger Rüstung ihre Reitkunst und ihre Gewandtheit im Umgang mit Waffen zeigen.

Trajan wollte dafür sorgen, daß die Daker nie wieder die Reichsgrenzen bedrohen konnten. Systematisch begann er, die Daker und ihre Kultur zu vernichten. Die Getreuen, die bis ans Ende zu Decebalus gehalten hatten, wurden aufgespürt und getötet. Die Römer zwangen Tausende Daker, ihre Heimat zu verlassen und in die Fremde jenseits der Reichsgrenzen zu ziehen. Fünfzigtausend Gefangene wurden nach Rom geschickt, wo sie im Amphitheater kämpfen mußten. Dabei hatten nur ganz wenige, besonders robuste Männer eine Überlebenschance; weitaus die meisten werden von den berufsmäßigen Gladiatoren zum Gaudium der Masse abgeschlachtet worden sein.

Die Festung Sarmizegethusa wurde aufgegeben. In der Ebene östlich von Tapae bauten die Römer eine gleichnamige neue Stadt und siedelten eine Gruppe verabschiedeter Veteranen der Donaulegionen an. Aus allen Gegenden des Reiches strömten Neusiedler herbei. Ein paar Jahre später war eine neue Provinz geschaffen, die dem früheren stolzen Dakerreich nicht mehr ähnlich sah.

Die Römer errichteten überall in dem Gebiet Kastelle. Eine Kette von solchen Kastellen sicherte die Straße, die von Viminacium durch Tapae am alten Sarmizegethusa vorbei und über die Transsilvanischen Alpen führte. Die Zweite Pannonische Reiterabteilung wurde nahe dem Endpunkt dieser Linie stationiert – in Gherla am Kleinen Samosch.

Die Illustration zeigt den Moment in den „hippica gymnasia", in dem Mannschaft **A** Mannschaft **B** angreift. Wenn der Angreifer abschwenkt, dürfen die nächsten Leute der Mannschaft **B** ihre Wurfspeere gegen ihn schleudern.

Die Reiter der Mannschaft **B** müssen nach links schwenken, wobei ihre rechte Seite ungeschützt ist. Die Reiter der Mannschaft **A** schwenken nach rechts und sind durch ihre Schilde geschützt. Andererseits schleudert ein Reiter der Mannschaft **B** weniger Wurfspieße, weil er sie beim Schwenken nach rechts über seinen Schild hinweg werfen muß.

Jede Mannschaft hatte zwei Durchgänge als Angreifer und zwei als Verteidiger. Mutmaßlich tauschten sie die Positionen, um die Nachteile auszugleichen.

Die in diesen Vorführungen gebrauchten Waffen haben keine Eisenspitze.

LINKS: 1. Ein draco, gefunden in Neuwied-Niederbieber (Rheinland-Pfalz). Diese Feldzeichen wurden von den Dakern verwendet und sind an der Trajanssäule dargestellt. Die Kavallerie übernahm sie für die „hippica gymnasia". Der Schwanz des Drachen bestand aus farbigem Stoff, wurde vom Wind gebläht und machte ein zischendes Geräusch wie eine Schlange.

2. Ein Leder-Stirnschild für ein Pferd. Aus Newstead, Schottland.

3. Bronzener Augenschutz eines Pferdes. Aus Pompeii, Italien.

RECHTS: Ein zum Teil mit Silber überzogener, bronzener „Parade"-Helm aus Ribchester in England. Dieser Helmtyp mit einer das Gesicht bedeckenden Maske wurde nach Arrianus bei den „hippica gymnasia" getragen.

Reitvorführungen

Reitvorführungen (hippica gymnasia) sind bei Arrianus beschrieben. Sie waren Schaugefechte und wurden in kunstvoll geschmückter Rüstung dargeboten.

Die Reiter bildeten zwei Mannschaften. Mannschaft **A** stellt sich geschlossen links vom Tribunal auf und deckt sich mit den Schilden. Vor dem rechten Endpunkt der Linie bilden zwei Soldaten ein Ziel. Nun reitet Mannschaft **B** ein und greift das Ziel an, wobei sie so viele Wurfspieße wie möglich schleudert, bevor sie abdreht. Dann tauschen die beiden Seiten die Rollen – Mannschaft **B** bildet rechts vom Tribunal die „Schildkröte".

Die kantabrische Attacke

Die zwei Mannschaften bilden nun beiderseits des Tribunals „Schildkröten". Beide Mannschaften galoppieren in einer Reihe, dicht hintereinander, los und schwenken in geringem Abstand voneinander vor dem Tribunal auf zwei enge Zirkel ein. Die Reiter der einen im Kreis reitenden Mannschaft greifen ihre Gegner in der anderen Mannschaft mit schweren Wurfspeeren an, während sie sich der Mitte der Arena nähern. Hier tauschen die Mannschaften abermals die Rollen des Angreifers und Verteidigers.

Der letzte Feldzug

Die nächsten sieben Jahre verbrachte Maximus in Gherla. Möglich, daß er gern als Zenturio zu seiner alten Legion zurückgegangen wäre, doch anscheinend gefiel es ihm bei der Kavallerie. 112 n. Chr. hätte er, nach 25 Dienstjahren, den Abschied nehmen können. Wir wissen jedoch aus der Grabsteininschrift, daß er freiwillig als Veteran weiterdiente. Vielleicht waren ihm die Gerüchte zu Ohren gekommen, daß Trajan einen neuen Feldzug plante.

Trajan, ein unruhiger Geist, sehnte sich nach Taten. Schon seit einiger Zeit war sein Blick nach Osten gerichtet – das alte Reich Alexanders des Großen beschäftigte ihn. Im 1. Jh. v. Chr. hatten die Römer und Parther das Alexanderreich unter sich aufgeteilt. Seitdem waren mehrere Kriege geführt worden, ohne eine eindeutige Entscheidung zu bringen. Der Tod des Partherkönigs und ein Grenzstreit lieferten Trajan den Vorwand, dessen er bedurfte, um in den Osten zu marschieren.

Der Kaiser rief Einheiten seiner alten Armee zu den Waffen, unter anderem die Zweite Pannonische Reiterabteilung und eine starke Abteilung der Siebenten Legion. Maximus, jetzt an die Fünfzig, spürte allmählich, daß er alterte. Seine Gliedmaßen waren nicht mehr so geschmeidig, und ein langer Tag im Sattel machte ihm nicht mehr soviel Spaß wie früher.

Bei den Parthern gab es Streit um die Thronbesetzung. Praktisch unbehelligt rückte Trajan vor. Er eroberte Armenien und wandte sich dann nach Süden, um in Mesopotamien einzubrechen. Noch immer stieß er kaum auf Widerstand. Bis zum Herbst 114 n. Chr. war ihm der ganze Norden des Landes zugefallen. Winterquartier bezog Trajan in Antiochia in Syrien. Würdenträger und Schaulustige strömten herbei, um den Kaiser zu sehen, da wurde die Stadt von einem Erdbeben heimgesucht. Tagelang folgten Erschütterungen, schließlich war ein Drittel der Stadt völlig zerstört. Tausende von Menschen wurden unter den Trümmern begraben. Der Kaiser kam mit Schnittverletzungen und Prellungen davon und war im Frühjahr wieder bei der Armee.

LINKS: Ein Teil von einem in Dakien gefundenen Militärdiplom. Es ist besonders interessant, weil es die Verleihung des römischen Bürgerrechts an eine ganze cohors equitata milliaria in Anerkennung ihrer Tapferkeit im Dakerkrieg dokumentiert. Zuerkannt wurde es vom Kaiser selbst einer Kohorte von Britanniern. Der Mann, der dieses Militärdiplom erhielt, kam aus Leicester (Ratae). Wir haben hier ein Beispiel dafür, wie großzügig Trajan zu seinen Soldaten war.

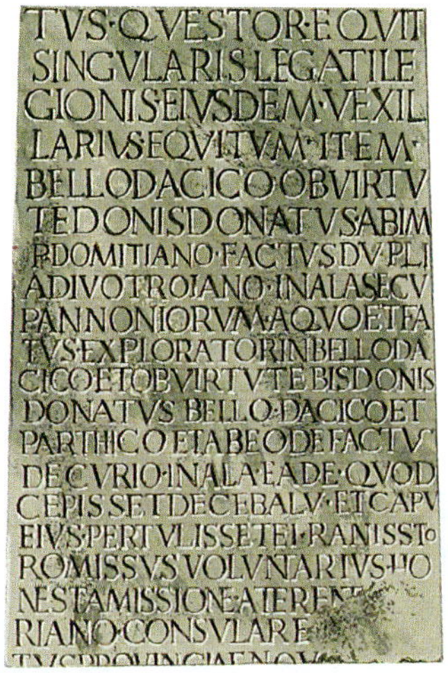

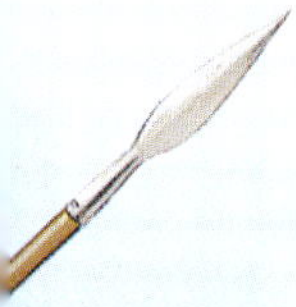

Maximus' Grabstein

Links ist die untere Hälfte des Grabsteins abgebildet. Die Inschrift ist abgekürztes Latein. Ausgeschrieben würde der Text lauten:

Factus duplicarius a divo Troiano in ala secunda Pannoniorum, a quo et factus explorator in bello Dacico et ob virtutem bis donis donatus bello Dacico et Parthico, et ab eodem factus decurio in ala eadem, quod cepisset Decebalum et caput eius pertulisset ei Ranisstoro. Missus voluntarius honesta missione a Terentio Scauriano, consulare exercitus provinciae novae ...

Kurze Inhaltsangabe

Die Inschrift besagt, daß Trajan Maximus zu einem duplicarius im Zweiten Pannonischen Kavallerieregiment und dann zum Kundschafter (explorator) machte. Maximus wurde zweimal ausgezeichnet – in Trajans dakischem und seinem parthischen Krieg. Dafür, daß er Decebalus gefangennahm (cepisset Decebalum) und dessen Kopf (caput) in Ranistorum Trajan brachte, wurde er zum decurio befördert. Seinen ehrenvollen Abschied erhielt er von Terentius Scaurianus. Scaurianus, das wissen wir, war der römische Statthalter von Mesopotamien.

OBEN: Die zwei torques und zwei armillae, die auf dem Grabstein des Maximus dargestellt sind.

RECHTS: Drei geschmückte phalerae von Lauersfort (Nordrhein-Westfalen). Obwohl auch der einfache Legionär diese Art Auszeichnung bekommen konnte, finden sich phalerae in Darstellungen oft unter den Auszeichnungen von Zenturionen.

UNTEN: Maximus erhält seine letzte Auszeichnung. In seiner langen Laufbahn muß er wenigstens einen Satz phalerae erhalten haben. Möglicherweise hat er auch den Goldkranz (corona aurea) bekommen; unsere Illustration zeigt die Verleihungsszene. Die Dekorationen an dem Pferd sind keine Tapferkeitsauszeichnungen, aber sie könnten für Geschicklichkeit in den „hippica gymnasia" verliehen worden sein.

Das Ende des Weges

Trajan ließ seine Kräfte in zwei Kolonnen in Südmesopotamien vorgehen. Die eine Hälfte der Armee fuhr mit einer im Winter gebauten Flotte den Fluß Euphrat hinunter, die andere Hälfte überschritt den Fluß Tigris und marschierte an dessen Ostufer entlang. Die beiden Armeen näherten sich der Stadt Ktesiphon, der Winterresidenz der parthischen Könige. Einen Teil der Flotte mußten die Römer über die Wüste ziehen, damit Trajan ihn auf dem Tigris bei der Belagerung von Ktesiphon einsetzen konnte. Ktesiphon ergab sich nach kurzem, nur markiertem Widerstand. Trajan besetzte das ganze restliche Mesopotamien. Der Kaiser hatte sein Ziel erreicht, der Krieg war aus, die eroberten Länder wurden zu Provinzen gemacht. Ganz wohl wird dem Kaiser bei diesen Erfolgen nicht gewesen sein, es war alles ein bißchen zu glatt gegangen.

Maximus beschloß nun seine Laufbahn. Fast dreißig Jahre hatte er gedient. Ein letztes Mal vom Kaiser ausgezeichnet, erhielt er einen ehrenvollen Abschied. Als decurio hatte Maximus Anspruch auf höherrangige Auszeichnungen als die torques und Armreifen, die oben an seinem Grabstein zu sehen sind. Diese anderen Auszeichnungen waren wahrscheinlich am Sockel des Grabsteins dargestellt, aber der fehlt. Ein Teil der siegreichen Armee war aufgelöst worden, und vermutlich kehrte Maximus mit diesen Soldaten nach Europa zurück. Er ließ sich in der alten Kolonie Philippi im Norden Griechenlands nieder. Trajan fuhr derweil triumphierend auf dem Tigris zum Persischen Golf und kehrte auf dem Euphrat nach Babylon zurück. Er kam dort gerade an, da schlugen die Parther im Norden los und die neuen Provinzen rebellierten. Trajan unterdrückte den Aufstand. Doch in anderen Teilen des Reiches braute sich Unheil zusammen. Trajan, dessen Gesundheit angegriffen war, ging nach Syrien zurück, wo er im August 117 n. Chr. starb.

Wir wissen, daß Maximus Trajan überlebt hat, denn auf seinem Grabstein spricht er vom vergöttlichten Trajan („divo"). Dieser Titel wurde einem Kaiser erst nach seinem Tode zuerkannt.

Maximus' Auszeichnungen

Oben an seinem Grabstein sind zwei torques und zwei armillae (Armreifen) abgebildet. Diese Auszeichnungen gehören zu denjenigen, welche jeder Soldat bekommen konnte, und es scheint kaum vorstellbar, daß Maximus darüber hinaus nicht noch eine andere Auszeichnung erhalten haben sollte. Er war Reiter und ein Feldzeichenträger in der Siebenten Legion gewesen. Gaius Marius, ein Kavallerist in der Legion I Germanica, bekam phalerae, große verzierte Scheiben, die auf der Brust getragen wurden. Als decurio kam Maximus etwa einem Zenturio gleich und muß Anspruch auf einen Goldkranz (corona aurea) gehabt haben.

OBEN: Einer der Sättel am Triumphbogen in Orange (Südostfrankreich). An den vorn und hinten vom Sattel herabführenden Riemen sind verzierte Platten befestigt (siehe S. 30).

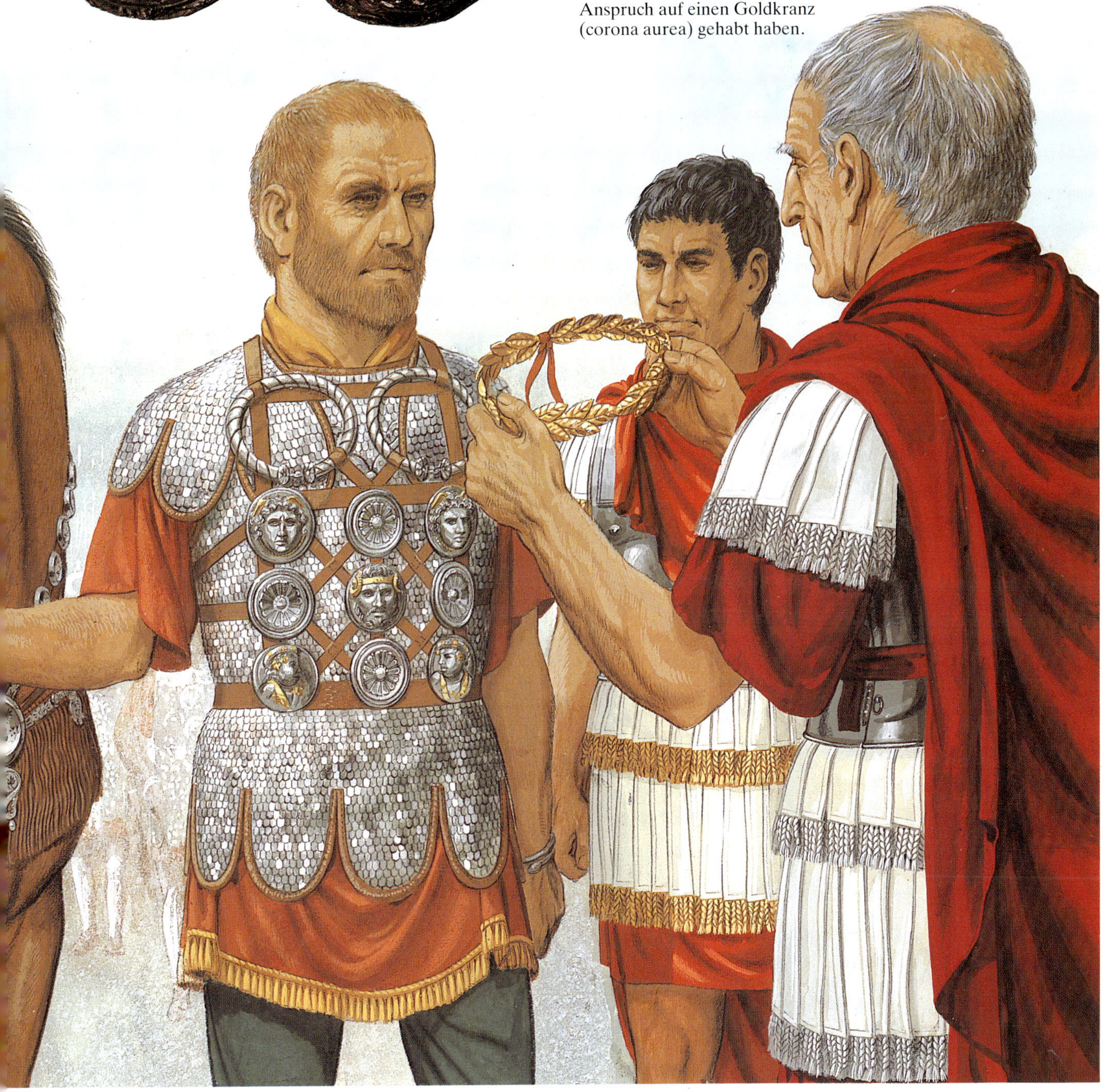

Rüstung und Waffen der Reiterei

Rüstung

Der römische Reitersoldat trug einen eisernen Helm und einen Ketten- oder Schuppenpanzer, aber selten einen Schutz am rechten Arm oder Bein.

Helme

Römische Kavalleriehelme waren gewöhnlich aus Eisen und hatten einen dekorierten Stirnbügel aus Bronze. In den letzten paar Jahren hat man mehrere sehr kunstvoll gearbeitete Exemplare gefunden. Sie umhüllen fast den ganzen Kopf und lassen nur Augen, Nase und Mund frei.

Panzer

Der Panzer war ein Ketten- oder ein Schuppenpanzer. Meist reichte er nur bis zu den Hüften hinab, wo er an den Seiten geschlitzt war, damit der Reiter rittlings auf dem Pferd sitzen konnte. Die obere Rückenpartie wies zwei Schulterteile auf, die über die Schultern nach vorn liefen und von einem Doppelhaken vor der Brust zusammengehalten wurden.

Waffen

Die römische Reiterei führte vielerlei Waffen. Arrianus sagt uns, daß die Reiterei mit Speeren, Wurfspießen, kleinen Speeren oder Steinschleudern übte. Es gab sogar ganze Regimenter von berittenen Bogenschützen.

Speere und Wurfspieße

Die meisten Grabsteine zeigen Reiter, die mit schweren Speeren kämpfen. Diese Speere ließen sich möglicherweise auch werfen. Maximus ist auf seinem Grabstein mit zwei Speeren oder Wurfspießen dargestellt; daß er zwei hat, bedeutet, daß eine der Waffen zum Werfen geeignet sein mußte.

Schwerter

Die römische Reiterei gebrauchte ein langes Schwert (spatha), das an der rechten Seite getragen wurde, und zwar entweder an einem Gürtel oder an einem über die linke Schulter laufenden Gehänge. Die Klingenlänge variiert bei diesen Schwertern von 0,65 m bis über 0,8 m.

OBEN: Tiberius Claudius Maximus, wie er an der Trajanssäule dargestellt ist. Er trägt ein kurzes Kettenhemd mit Abnähern an Schultern und Hüften.

OBEN: Teil eines Grabsteins aus Deutschland. Der Schnitt des Kettenpanzers ist typisch für das 1. Jh. n. Chr.

LINKS: Teil vom Grabstein des Flavius Bassus, spätes 1. Jh. n. Chr. Flavius Bassus trägt einen Helm, der so dekoriert ist, daß der Anschein von Haar entsteht, und einen kurzen Kettenpanzer. Man beachte die Sattelknäufe.

1

1. Ein eiserner Kavalleriehelm aus Newstead, Schottland. Die Nietlöcher zeigen, wo ein dekorierter Stirnbügel aus Bronze befestigt war.

2

2. Ein eiserner Kavalleriehelm aus Koblenz-Bubenheim (Rheinland-Pfalz). Der Bronzebeschlag soll den Anschein von Haar geben. Der ganze Helm war mit Bronze überzogen.
3. Eine schlicht dekorierte Reiter-Wangenklappe aus Nijmegen, Niederlande.
4. Eine kunstvoll verzierte Reiter-Wangenklappe, gefunden im Flusse Waal in den Niederlanden.

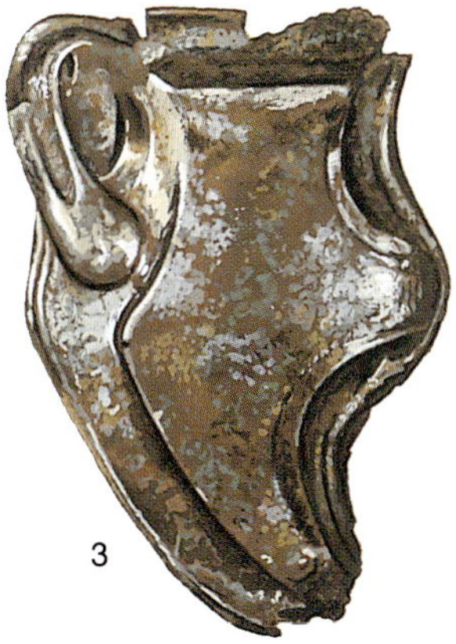
3

4

5
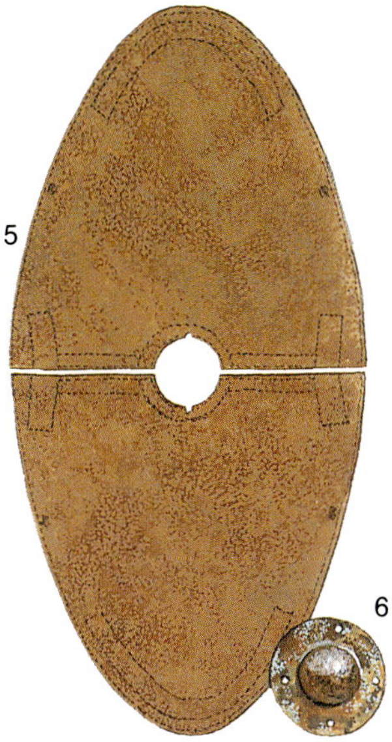

6

5. Ein rekonstruierter Lederschildbezug aus Valkenburg (Niederlande). Er ist ungefähr 1,28 m lang und 0,65 m breit und bedeckt einen ca. 1,18 m langen und 0,55 m breiten Schild.
6. Typischer bronzener Schildbuckel.

7

7. Römische Kettenpanzer bestanden aus Reihen von gestanzten oder hammergeschweißten Ringen, die durch genietete Ringe miteinander verbunden waren.
8. Typische römische Schuppen. Sie wurden mit Draht und Verschnürung aneinander befestigt und dann auf ein Untergewand aus Stoff aufgenäht. Maßstab 1 : 1.

8
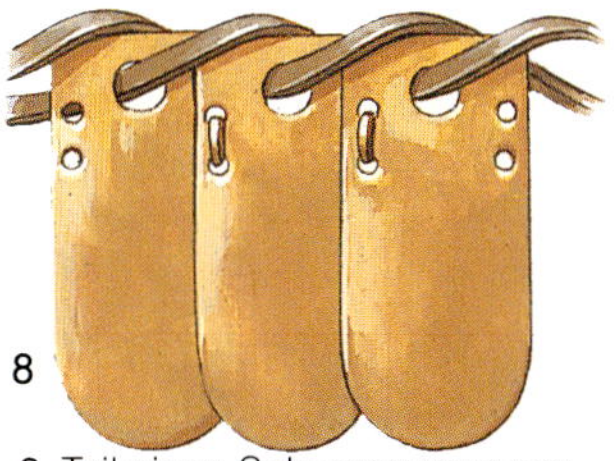

9. Teil eines Schuppenpanzers aus Dura-Europos in Syrien. Diese Schuppen wurden mit Draht aneinander befestigt und direkt auf den Stoff aufgenäht.

9

Waffen der Reiterei: Maßstab 1 : 6

10. und 11. Zwei Lanzenspitzen aus Newstead in Schottland.
12. Eine spatha aus Newstead in Schottland.
13. Das Ortband von einer spatha-Scheide. Gefunden in Rottweil.
14. Teil von einer Hakenbefestigung zum Zusammenhalten der Schulterstücke auf der Brustpartie eines Kettenpanzers.
14 a. Der rekonstruierte Haken.
15. Ein römischer Sporn.

10

11

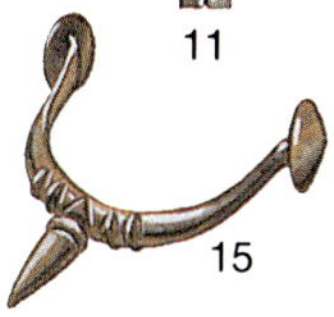
15

12

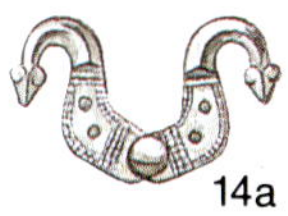
14a

14

13

Pferdeausrüstung

Ein Pferd der römischen Reiterei. Der Sattel hat vier Sattelknäufe und ist mit Bauchgurt, Schweifriemen und Brustgurt befestigt. Die Pferde der Römer waren nur so groß wie große Ponys. Der Mann hinter dem Pferd ist 1,80 m groß.

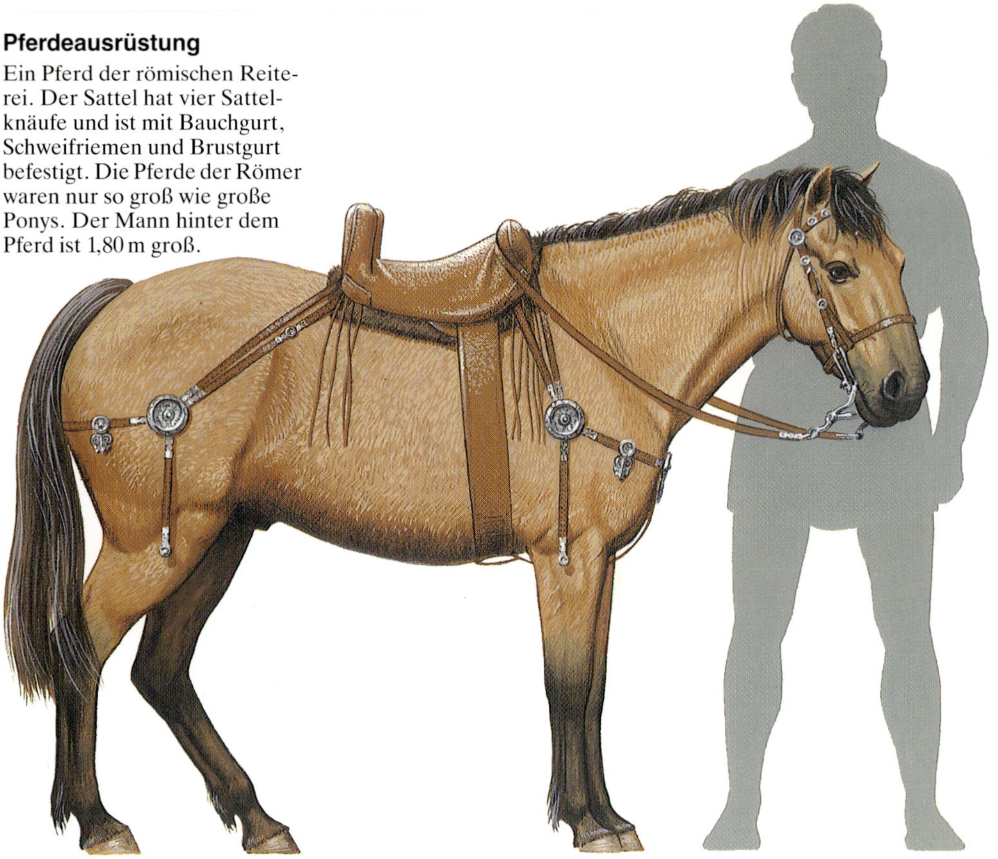

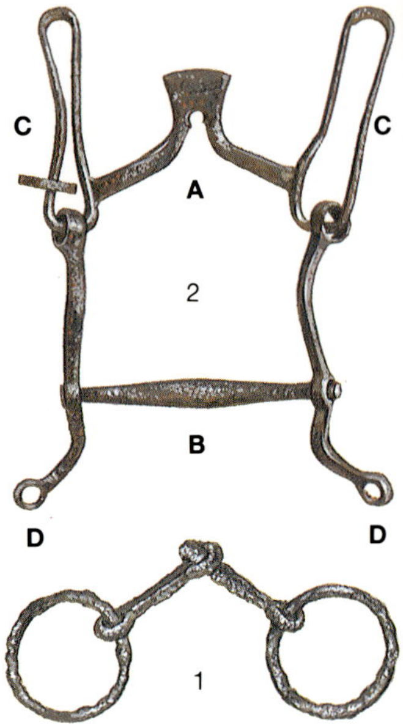

OBEN: Die zwei Gebißarten, die die römische Kavallerie verwendete.
1. Ein keltisches Trensengebiß.
2. Eine italische Kandare.
A. Das Mundstück mit einem flachen Zungenstück, das sich bei ruckartigem Anziehen der Zügel in das Gaumendach des Pferdes grub.
B. Die Stange unter dem Kinn.
C. Seitenteile zur Aufnahme der Backenriemen des Zaumzeugs.
D. Hier wurden Zügel befestigt.

1

2

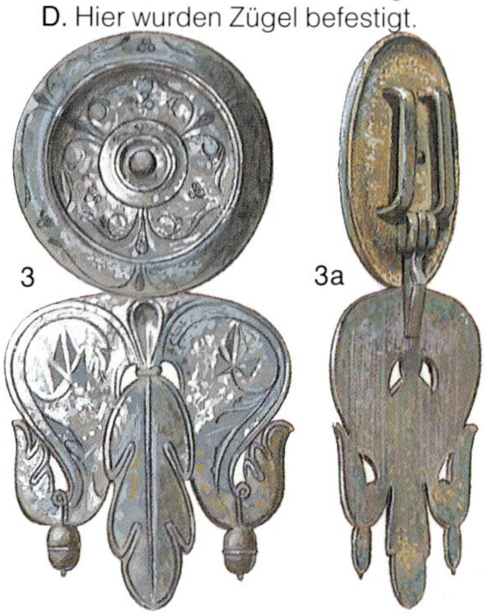
3
3a

1. Einfache Riemeneinigung.
2. Kunstvoll dekorierte große Riemeneinigungsscheibe.
2 a. Rückseite von Nr. 2.
2 b. Riemenbefestigungsglied.
3. Kleine Scheibe mit Anhänger.
3 a. Rückseite von Nr. 3.

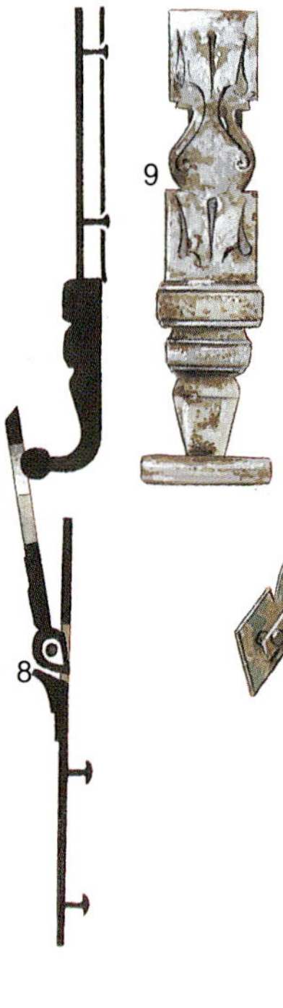
9
8

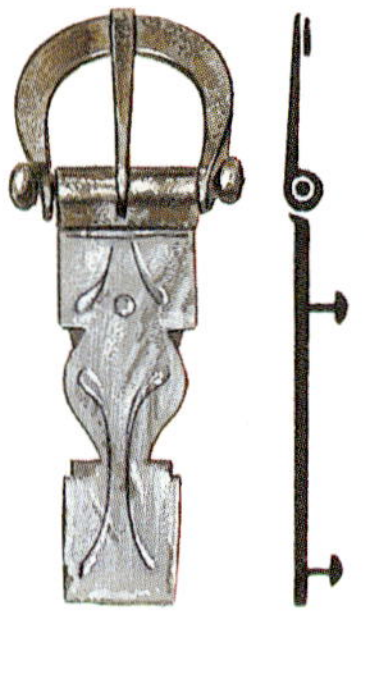
7

2a

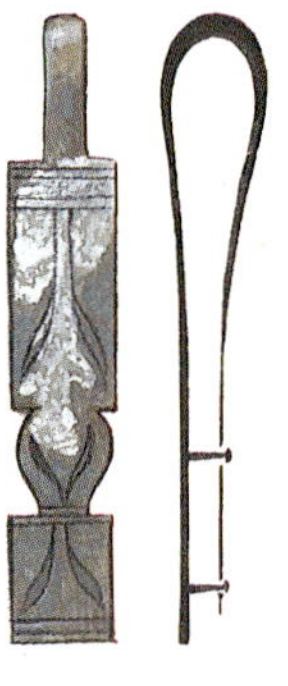
2b

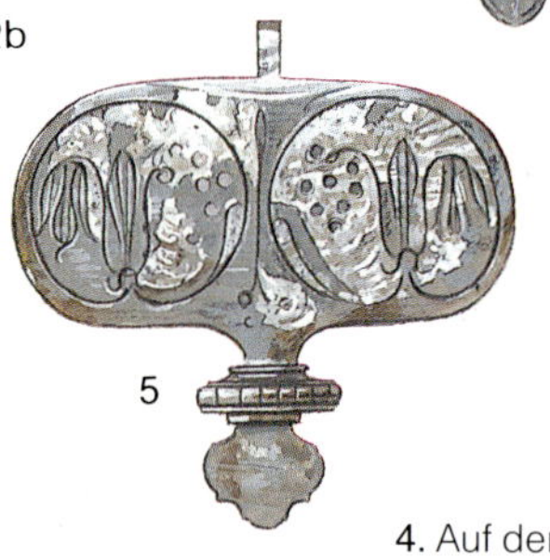
5

4

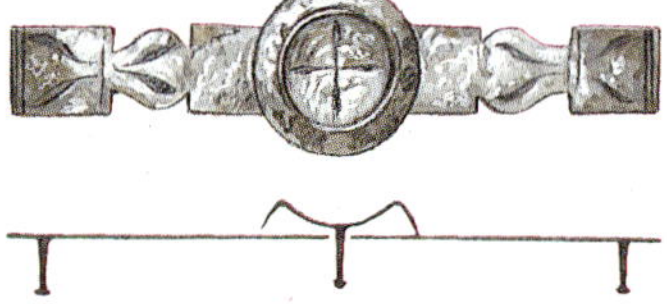
6

4. Auf der Rückseite dieser kleinen Scheibe ist der Abdruck des 20 mm breiten ledernen Geschirrriemens mit Nähten an den Kanten zu sehen.
5. Geschirranhänger.
6. Geschirrschmuck.
7. Schnalle.
8. und 9. Zwei Hälften einer Geschirrbefestigung.
Maßstab 1 : 2

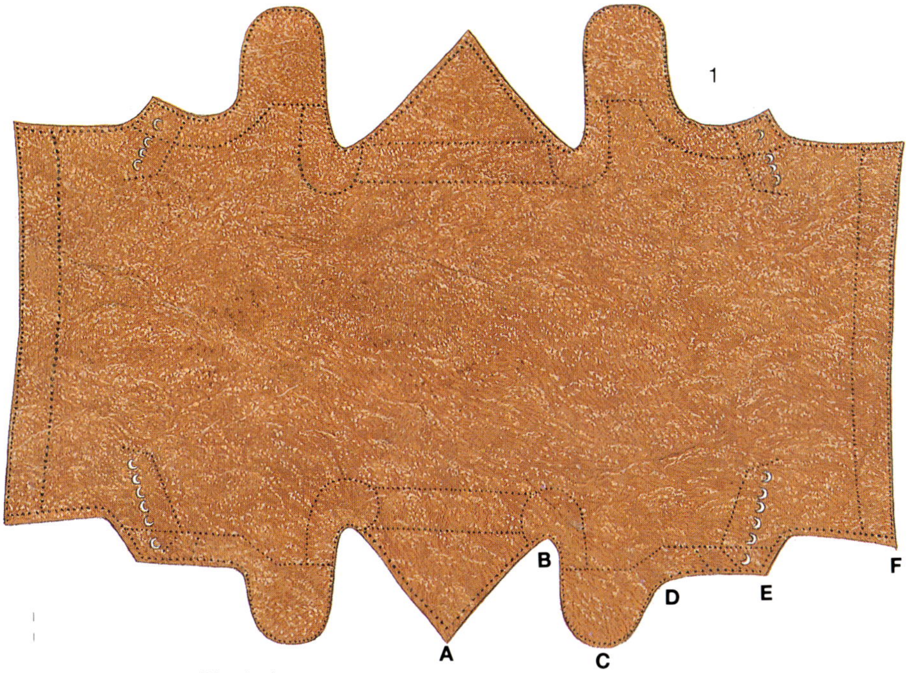

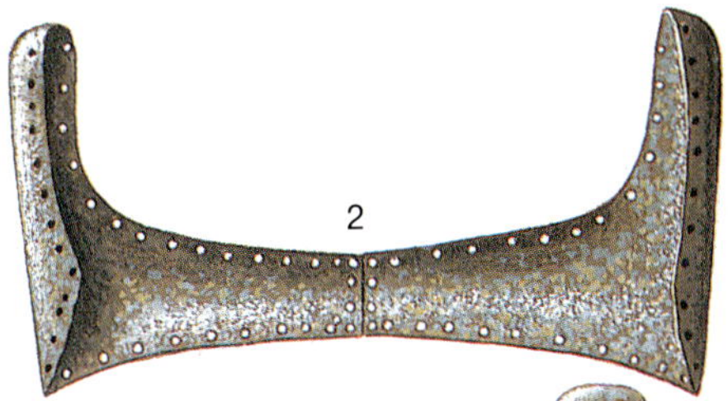
2

3

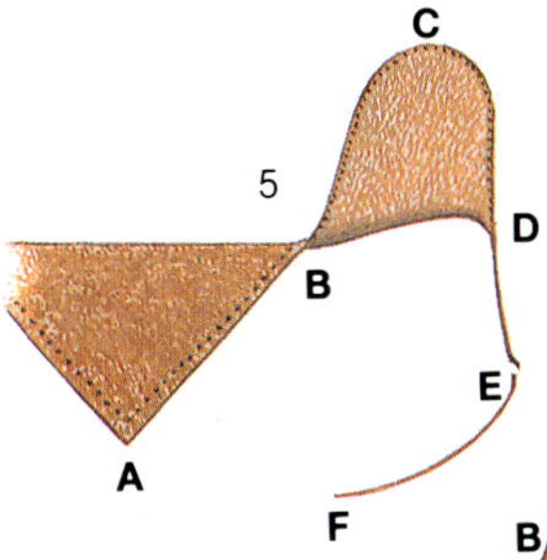

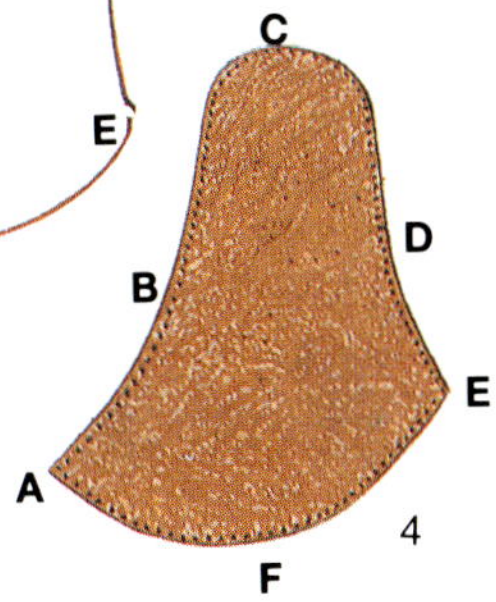

UNTEN: Ein gestürztes Pferd mit Sattel (vier Knäufe), Bauchgurt, Schweifriemen und Brustgurt. Vom Julier-Monument zu Saint-Rémy in Südfrankreich.

1. Sattelbezug aus Ziegenleder. Aus den Niederlanden. 2. und 3. Bronzene Knaufplatten aus Rottweil. 4. Knaufbezugteil (Ziegenleder). 5. Wie das Knaufbezugteil (4) an das Hauptleder (1) angenäht wurde. 6. Erschlossene Form des Sattelgerüsts mit angebrachten bronzenen Knauf-Formplatten. 7. Rückansicht des Sattels mit Blick auf die Hinterknauf-Platte und -Polsterung (grau). 8. Der rekonstruierte Sattel. Die vorderen Knäufe dienen zum Niederhalten der Schenkel, während die hinteren Knäufe verhindern, daß der Reiter nach hinten rutscht.

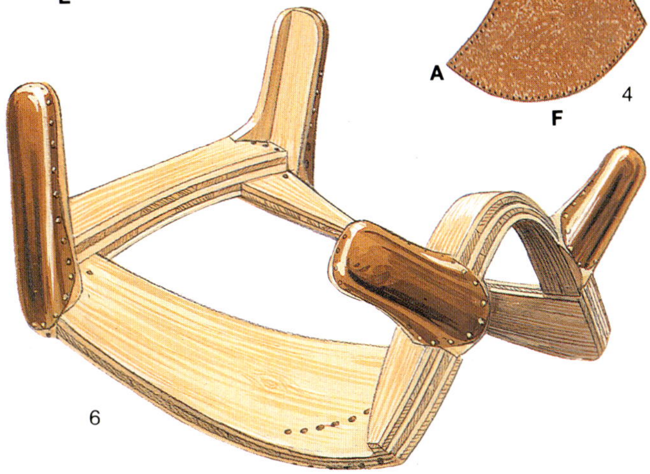
6

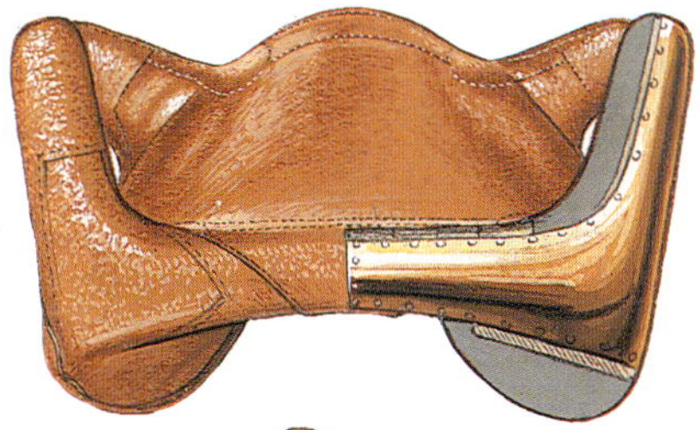
7

Römische Kavalleriepferde

Vor ein paar Jahren wurden in dem römischen Kavalleriekastell zu Krefeld-Gellep 31 Pferdeskelette gefunden. Diese Pferde waren fast alle 4–5 Jahre alt und im Schnitt etwas über 145 cm groß (das ist die Höhe eines großen Ponys). Keines war beschlagen. (Hufeisen sind zwar gefunden worden, jedoch nicht in Kavalleriekastellen.)

Der Sattel

Sättel sind an vielen Monumenten dargestellt. Diese Sättel weisen meist 4 Knäufe auf. Die Knäufe können nur den Sinn haben, den Reiter sicher auf dem Pferd zu halten. Solch ein Sattel muß ein stabiles Gerüst haben, sonst können die Knäufe nicht funktionieren.

Rekonstruktion des Sattels

Die Hauptabmessungen des Sattelgerüsts wurden nach dem Ledersattelbezug (oben, Nr. 1) berechnet. Die Form der hinteren Sattelpartie war exakt durch die bronzenen Knaufplatten (2) vorgegeben, die Form der vorderen Sattelpartie durch den Widerrist des Pferdes. Vier Lederstücke (Nr. 4) wurden bei **B-C-D** an das Hauptleder dergestalt angenäht, daß vier „Taschen“ entstanden. Nach gründlichem Einweichen des Leders wurden die vier „Taschen“ über die Knäufe geschoben und gepolstert. **A-B** und **E-F** des Hauptleders wurden unter das Gerüst gezogen und an den entsprechenden Punkten am Knaufbezugteil (4) angenäht. Dann ließ man das Leder in Form schrumpfen.

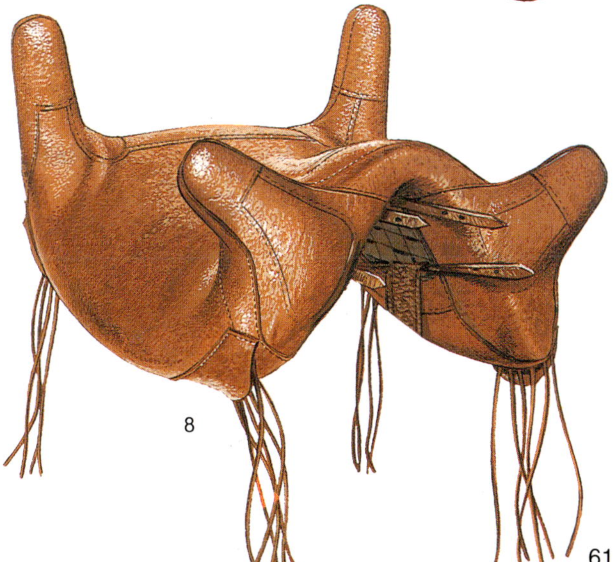
8

Index

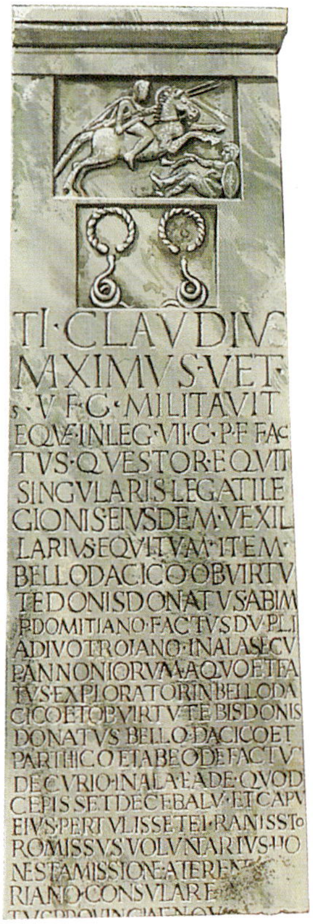

Peter Connolly ist forschendes Ehrenmitglied des Archäologischen Instituts, University College, London, und Mitglied der englischen archäologischen Gesellschaft Society of Antiquaries. Er ist Autor und Illustrator folgender in deutscher Fassung im Tessloff Verlag erschienener Titel:
Ein römischer Reiter, Ein römischer Legionär, Hannibal und die Feinde Roms, Das Leben zur Zeit des Jesus von Nazareth und *Die Welt des Odysseus.*

Der Autor dankt folgenden Personen für Rat und Hilfe:
Dr. Brian Dobson, Mr. Mark Hassall, Dr. Margaret Roxan, Professor John Mann, Dr. Valerie Maxfield, Mr. Michael Dobson und Mrs. Patricia Druce.

Oxford University Press

This translation of *Tiberius Claudius Maximus: The Legionary* and *Tiberius Claudius Maximus: The Cavalryman* originally published in English in 1989 is published by arrangement with Oxford University Press.

Diese Übersetzung der Titel *Tiberius Claudius Maximus: Ein römischer Legionär* und *Tiberius Claudius Maximus: Ein römischer Reiter*, im englischen Original erschienen 1989, ist eine Veröffentlichung in Übereinkunft mit Oxford University Press.

Titel der Originalausgabe
"Tiberius Claudius Maximus - The Cavalryman"
"Tiberius Claudius Maximus - The Legionary"

Deutsch von Thomas M. Höpfner, Berlin

ISBN 3-7886-0745-9